SUN TZU'S THE ART OF WAR

看图秒懂孙子兵法

不知先生 编著

江苏人民出版社

图书在版编目（CIP）数据

看图秒懂孙子兵法 / 不知先生编著. -- 南京：江苏人民出版社, 2024. 8.（2024.12 重印）
-- ISBN 978-7-214-29311-4

Ⅰ. E892.25-49

中国国家版本馆CIP数据核字第20246RE852号

书　　名	看图秒懂孙子兵法
编　　著	不知先生
项目策划	凤凰空间／高雅婷
责任编辑	曹富林　刘　焱
装帧设计	李　璐
特约编辑	高雅婷
出版发行	江苏人民出版社
出版社地址	南京市湖南路1号A楼，邮编：210009
总　经　销	天津凤凰空间文化传媒有限公司
总经销网址	http://www.ifengspace.cn
印　　刷	北京博海升彩色印刷有限公司
开　　本	787mm×1 092 mm　1/16
字　　数	160千字
印　　张	10
版　　次	2024年8月第1版　2024年12月第2次印刷
标准书号	ISBN 978-7-214-29311-4
定　　价	68.00元

（江苏人民出版社图书凡印装错误可向承印厂调换）

目录 CONTENTS

前言

《孙子兵法》是中国春秋时期军事家孙武的一部著作，也是中国现存最早的兵书，为传世之作。它深刻地揭示了战争的本质，体现了中国古人的军事思想。本书以《十一家注孙子》为底本，参考书籍有郭化若《孙子兵法译注》、李零《兵以诈立——我读〈孙子〉》等。在本书中，我将《孙子兵法》的十三篇战争理论以思维模型图形式集中呈现出来，帮助大家更直观地理解其思想。思维模型图旨在解构孙子兵法理论，它不仅是学术研究或军事研究，而且是一套实用又好用的思维方法论，将其丰富而深刻的战略思想变成清晰的框架图表。每张思维模型图都是对某一篇战略思想的高度概括，是对兵法的诠释，更是一种思辨和指导工具，使读者能够轻松理解其中之真意，且以此更睿智地应对生活中的各种挑战。

在当今节奏快速和竞争激烈的社会环境中，学习《孙子兵法》对于培养我们的思维敏捷性、战略洞察力和解决问题的能力均具有重要价值，更是一种对人生智慧的追求。《孙子兵法》所蕴含的战略思想，不仅能够指导军事决策，还为我们的生活与工作提供了宝贵的启示。比如其中的“知己知彼，百战不殆”“出其不意，攻其不备”等，能够引导我们在职场中取得更为出色的成就，且机智地处理生活中的难题。

如今，随着全球局势的不断变化，我们对《孙子兵法》的深思显得更为重要。这部经典之所以能够经久不衰，正是因为它的军事智慧超越了时代的局限，帮助人们更好地应对当今复杂多变的世界格局。

我在阅读和理解《孙子兵法》的过程中，结合生活实际发现其中蕴含的深邃哲理，并以思维模型图呈现出来。希望能够为读者提供一种简单、易懂的学习形式，理解《孙子兵法》的博大精深，并在当代焕发出新的光芒。

总而言之，书中的内容尤其是思维模型图旨在打开通往《孙子兵法》智慧的大门，不仅引领读者更深入地理解这部兵书，还为读者提供在现代社会中的生存智慧，让我们在人生的征程中更加从容、睿智地前行。

01. 战争是国之大事

曹操曰："计者，选将、量敌、度地、料卒、远近、险易，计于庙堂也。"

【原文】 孙子曰：兵者，国之大事，死生之地，存亡之道，不可不察也。

【译文】 孙子说：战争是国家的大事啊，关系军民之生死，国家之存亡。所以，一定要做好战前估计、对比，重视、重视、再重视。

【启示】 战争是"面对面的杀戮"，此句出自英国当代历史学家乔安娜·伯克的《面对面的杀戮》一书。普鲁士军事理论家克劳塞维茨在《战争论》中说："战争是政治的继续，战争是以政治为前提的。"孙武也在书中对比战争属性做了概述。战场中的生死影响或决定了一个国家政治体系的存在与否。兵者，是兵家事，是战争，战争为国之大事。《左传·成公十三年》中刘子曰："国之大事，在祀与戎，祀有执膰，戎有受脤，神之大节也。今成子惰，弃其命矣，其不反乎？"刘子是周顷王的儿子，是春秋时期刘国的开国君主刘康公。他说一个国家最大的两件事情，一是祭祀，二是兵戎（国与国之间的战事）。祭祀有分祭肉之礼，兵戎有受祭肉之礼，都是与神灵对话交流的大节日。祭为祭祀，祭天、地、人，祭根源血脉之正统，祭出师有名；戎则是兵戎相见，是兵家之事，是战争。对待战争这件事，要绝对重视，对敌对双方的政治、经济、军事、天时、地利、将帅，要有综合的力量估计与对比。《孙子兵法》中常会以这样的表达形式来论述，先讲危害、警告，后有比喻论证，这是《孙子兵法》的特点。

总结：计算、估计、对比，先权衡其因，后预判其果，谋定而后动。调整视角至自身，亦是如此。

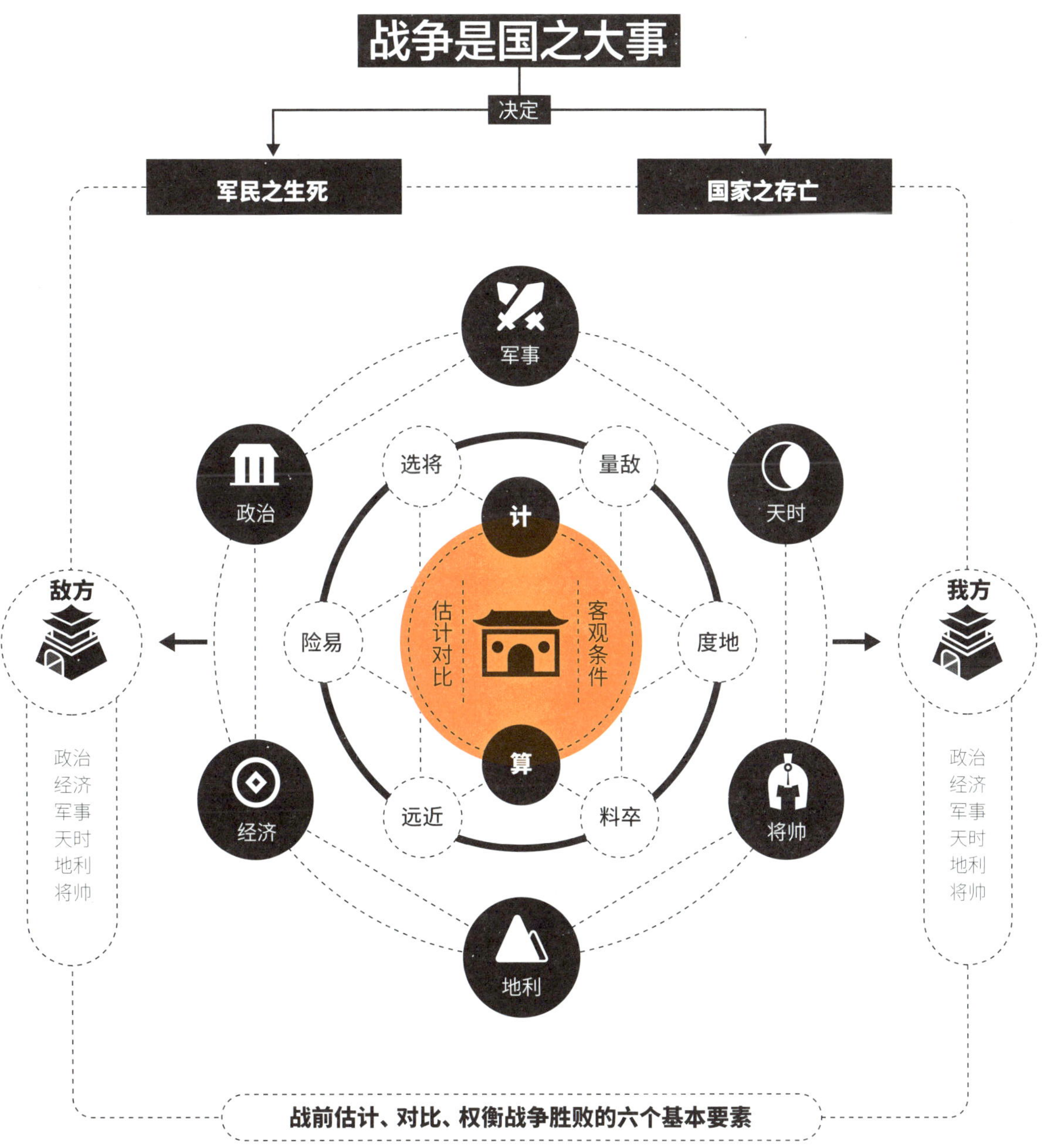
战争是国之大事
决定
军民之生死
国家之存亡
军事
政治
天时
经济
将帅
地利
选将
量敌
险易
度地
远近
料卒
计
算
估计对比
客观条件
敌方
政治
经济
军事
天时
地利
将帅
我方
政治
经济
军事
天时
地利
将帅
战前估计、对比、权衡战争胜败的六个基本要素

02.“五事”“七计”

曹操曰：“计者，选将、量敌、度地、料卒、远近、险易，计于庙堂也。”

【原文】

故经之以五事，校之以计，而索其情：一曰道，二曰天，三曰地，四曰将，五曰法。道者，令民与上同意也，故可以与之死，可以与之生，而不畏危也。天者，阴阳、寒暑、时制也。地者，远近、险易、广狭、死生也。将者，智、信、仁、勇、严也。法者，曲制、官道、主用也。凡此五者，将莫不闻，知之者胜，不知者不胜。故校之以计，而索其情。曰：主孰有道？将孰有能？天地孰得？法令孰行？兵众孰强？士卒孰练？赏罚孰明？吾以此知胜负矣。将听吾计，用之必胜，留之；将不听吾计，用之必败，去之。

【译文】

以“五事”为经，此“五事”是战争胜败的主要因素，所以要比较、计算双方优劣势，推导出战争胜负的概率。主要因素一为政治，二为天时，三为地利，四为将帅，五为法制。政治是指君民同心或君的心中有民，民则能为君死、为君生，且不生他心。天时是指昼夜、寒暑之交替变化的情况。地利指地理条件的远途近路、险要平坦、广阔狭窄、死生之地等。将帅指将者有足够的智谋才能，是否赏罚有信，对部下是否仁慈关爱，能否做到果断勇敢，军队是否军纪严明。法制指军队的组织，权责划分是否清晰明了，物质是否充足。这五个方面，将领一定要深刻了解，了解就能胜利，否则必将失败。通过对战争双方的考察，来掌握更多的实际情况，并以此比较分析，从而去预测战争胜负的可能。要研究分析谁的君主政治开明，谁的将帅指挥高明，谁更占有天时地利，谁的法令能贯彻执行，谁的武器装备精良，谁的兵卒训练有素，谁的赏罚公正严明，以此来推导胜负的概率。将帅如肯执行我的计策，必然取胜，这样我就留下；不肯执行我的计策，必然失败，那我就离开。

【启示】

“校”通较，即比较，较量。计者，即下文“主孰有道”等“七计”。索者，探索也。情者，彼我之军情。贾林曰：“校量彼我之计谋，搜索两军之情实，则长短可知，胜负易见。”“校之以计，而索其情”——敌我双方的优势和劣势都要考虑在内，去做比较分析，以此来探索战争胜负之情势。《孙子兵法》从战争的基本属性开始说起，战争是大事，关系民之生死，国之存亡，不能不仔仔细细地盘算。因此出兵前，君臣要凑在一块盘算。庙算的庙指庙堂，是古代君臣议事之地。庙算就是大家各自拿一把小木棍在地上演示，我方有多少小木棍，彼方有多少小木棍，比较双方之优势、劣势，计算利弊得失，最后才兵出于境，是为定计。生活、工作中，“五事”“七计”可缩放至不同场景，以此来辅助我们去做决策、去做判断。

总结：五事七计，即先分析对比双方优劣势，后通过七计来推演（包括小范围实践），探索胜败之概率。

“五事”“七计”

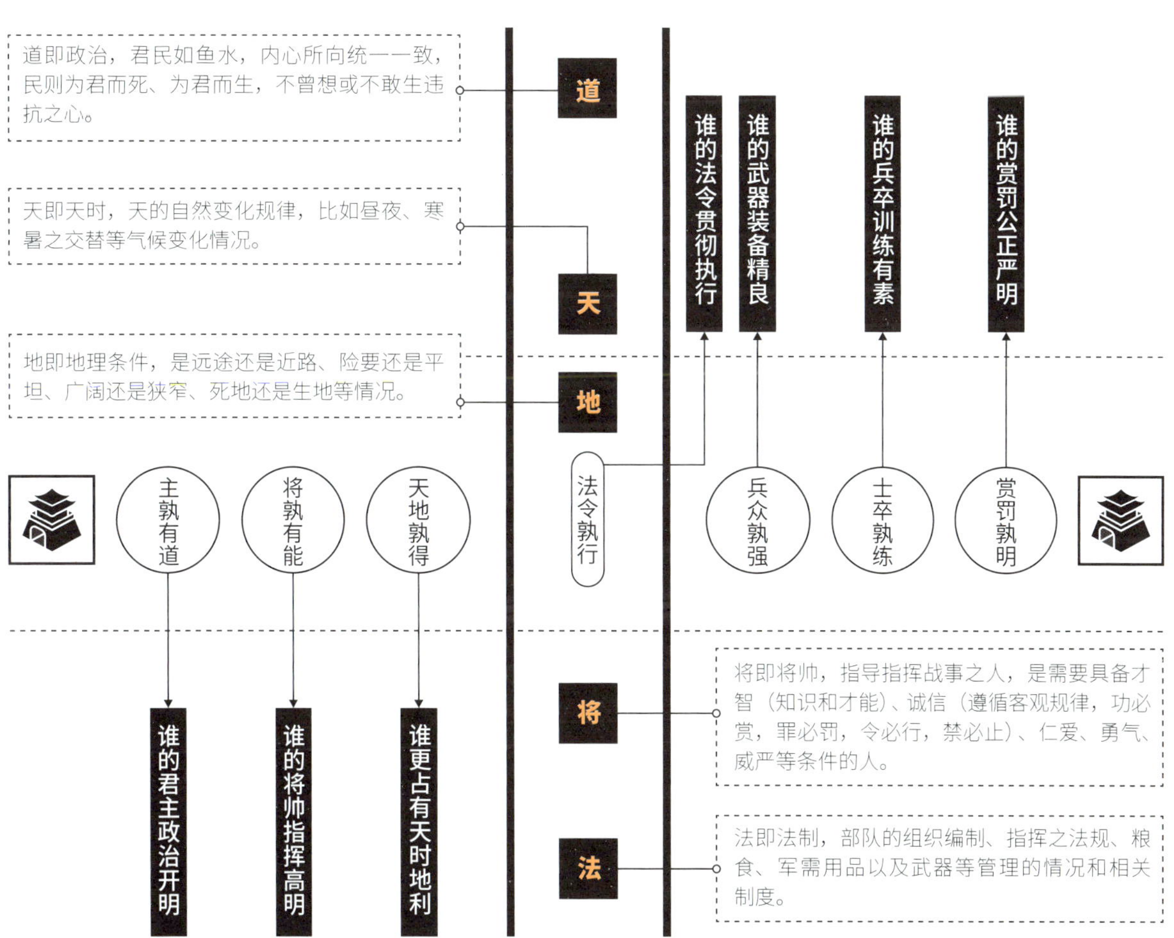

“校之以计，而索其情”——由“五事”引申出“七计”，战前要对敌我双方的基本情况做一番估计，做一番比较，基于双方的“五事”“七计”比较各自的优势、劣势，并依据这些条件推导胜败的概率大小。

03. 随机应变

曹操曰："计者，选将、量敌、度地、料卒、远近、险易，计于庙堂也。"

【原文】

计利以听，乃为之势，以佐其外。势者，因利而制权也。兵者，诡道也。故能而示之不能，用而示之不用，近而示之远，远而示之近。利而诱之，乱而取之，实而备之，强而避之，怒而挠之，卑而骄之，佚而劳之，亲而离之。攻其无备，出其不意。此兵家之胜，不可先传也。

【译文】

定计并能实施，还要营造有利态势，以辅助对外作战。在有利态势下随机应变，顺势而为。怎么应变？怎么顺势而为呢？首先，用兵是一种诡诈之术，所以，能打佯装不能打；要打佯装不要打；想接近对方，佯装离开；想要避开，佯装接近。给对方释放利益（基于对方贪利弱点），引诱对方；对方心智混乱时，乘虚而取；对方准备充实，我方就当加强防备；对方势力强大，就不要硬碰硬了，而是打游击削弱其锋芒；激怒对方，我不停骚扰，让他更加愤怒；对方不骄不躁，很是沉稳，那就要使对方骄傲，如我方示弱，卑辞厚礼，使敌骄傲，趁其不备而袭之；对方纪律严明，休整得很好，就要想办法使其疲劳；对方团结一致，君民和睦，就要想方设法去离间。攻击对方没有准备的地方，出乎敌人之预料，这就是兵家取胜的奥妙，即根据客观变化的情况，随机应变，顺势而为。也就是说，凡是可以学的都是纸上谈兵，真正管用的还要在实践中体会。往往在实践中有用的反而不可说、不可学。

【启示】

在商业竞争、国际关系、个人发展或是其他形式的策略规划中，都强调了灵活变通和心理战术的重要性。在面对对手时，要善于利用有利条件，同时通过各种手法来掩盖自己的真实意图和实力，来误导对方，制造出其不意的攻势。这种策略思维要求我们在行动前要有深思熟虑的计划，能够根据形势的变化而灵活调整策略，并以最小的风险获取最大的利益。此外，它还提醒我们，在任何对抗中，耐心等待最佳时机，利用对手的疏忽或弱点，发起出其不意的攻击，往往能够取得决定性的胜利。当下，这种思想可以应用于创新、谈判、危机管理等多个领域，其核心在于思维灵活和对时机的精准把握。另文中多次使用对立的概念来表达策略，体现了中国古代哲学中的辩证法原则，即通过对立双方的相互作用和转化来达到统一和协调。这种思维方式在军事策略中表现为利用敌人的对立面来制定和执行战略，从而达到出奇制胜的效果。

总结：定计是"形"，是静态的确定性；用计则是"势"，是动态的不确定性。定计重要，用计更重要。

随机应变

计利以听（有利态势的前提条件）

定计，分析利害条件

国君及执行者一致接受

对内

势

对外

《管子·七法》中讲："计必先定于内，然后兵出乎境。"对内大家齐心定计，君臣意见统一，才能有"势"并出境一致对外。

势者，因利而制权也。

"势"指战略态势，是动态无形的；"权"可理解为秤砣，当占据有利的态势，即优势地位的时候，要随机应变，如秤砣一样，随着被称量物的大小、轻重、多少等客观情况的变化而产生变化。我们个人，则随环境、自身条件、时间、地点的变化而机动变化。

以佐其外（一致对外）

顺势而为

利 乱 实 强 怒 卑 佚 亲

	对方	
能打，却佯装不能打	对方	要打，却佯装不要打
想要靠近对方，佯装远离对方	我方	想要远离对方，佯装靠近对方

诱：敌利我诱，释放利益，引诱对方

取：敌乱我取，扰乱对方，乘虚而取

备：敌实我备，对方充实，加强防备

避：敌强我避，对方强大，我当避开

挠：敌怒我挠，激怒对方，避而不战

骄：敌卑我骄，卑辞示弱，使敌骄傲

劳：敌佚我劳，对方不疲，使其疲劳

离：敌亲我离，敌内和睦，挑拨离间

兵者，诡道也。

04. 未战而庙算

曹操曰："计者，选将、量敌、度地、料卒、远近、险易，计于庙堂也。"

【原文】

夫未战而庙算胜者，得算多也；未战而庙算不胜者，得算少也。多算胜，少算不胜，而况于无算乎！吾以此观之，胜负见矣。

【译文】

在开战前预计、推演可以打胜仗的，是因为胜利的主客观条件充分；在开战之前预计、推演打不了胜仗的，则是因为胜利的主客观条件不充分。相比较而言，获胜的主客观条件充分的一方能打胜仗，主客观条件不充分的一方不能打胜仗，更何况一个制胜条件也不具备呢？依据此条件来分析战争双方，就可以判断胜负了。

【启示】

庙算就是计，先计而后战。古时用兵前会在祖庙举行相关仪式，并讨论战略方针及作战规划。筹策深远，就具备胜的可能；谋虑浅近，就难以具备胜的可能。孙子在这段话以辩证的方法论述了主客观条件，并以客观条件为主、主观条件为辅展开。客观条件以"五事""七计"为主干，延伸出主要的战略思想及原则，通过分析客观条件下的双方优劣情况，模拟推演，从而做出客观的、实事求是的论证。再由主观条件（将帅的主观指挥）来调节优势和劣势，即扬长避短，尽可能地将自身推向胜利的一方。《孙子兵法》不局限于战争，在我们日常生活、工作中，同样可以以"五事""七计"作为解决问题的参考标准，此处仅在个人生存、成长角度进行讨论，你得生存吧？你得有"天时""地利"的做事思维吧？你得会用人吧？你得遵守一定的规则，或者建立一定的规则吧？凡事你得随机应变吧？谈判沟通中你得诱、取、备、避、挠、骄、劳、离吧？你得尊重客观事实吧？所以《孙子兵法》也是我们生存、生活、成长的哲学，你不见得非要成为一个多么厉害的人，但至少，得是个明白人，得是一个明事理之人吧。按王阳明的三个明白来说，你得明白事、明白人、明白自己。当然这个标准很高，努力的道路还很长。

总结：事前准备工作是要做的，包括对客观、主观条件的分析。计划充分者胜，不充分者不胜，不做计划者必败。

未战而庙算

庙算：先计而后战。比较敌我的主观条件、客观条件，预测、推演胜算概率。

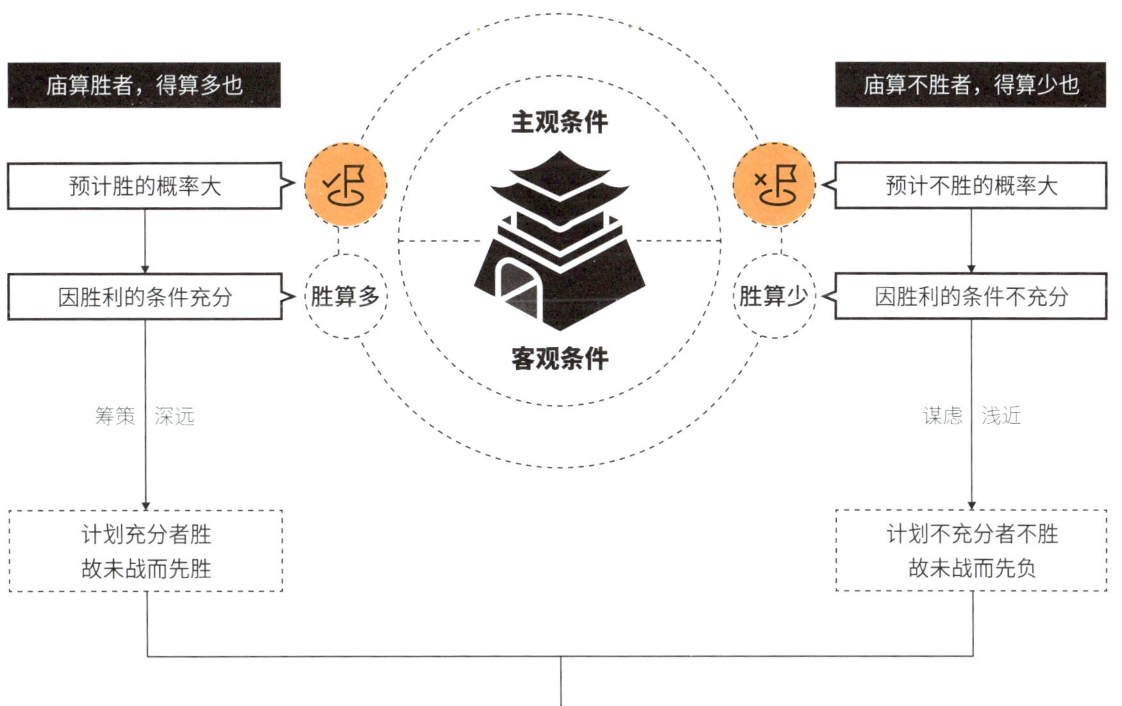

张预曰：“多计胜少计，其无计者，安得无败？故曰：‘胜兵先胜而后求战，败兵先战而后求胜。有计无计胜负易见。’”多算即考虑周全，少算则考虑浅薄，仗还没开始打，就输在了起跑线，更何况没有谋划的人？

05. 用兵之害

曹操曰："欲战必先算其费，务因粮于敌也。"

【原文】 孙子曰：凡用兵之法，驰车千驷，革车千乘，带甲十万，千里馈粮，则内外之费，宾客之用，胶漆之材，车甲之奉，日费千金，然后十万之师举矣。其用战也胜，久则钝兵挫锐，攻城则力屈，久暴师则国用不足。夫钝兵挫锐，屈力殚货，则诸侯乘其弊而起，虽有智者，不能善其后矣。故兵闻拙速，未睹巧之久也。夫兵久而国利者，未之有也。故不尽知用兵之害者，则不能尽知用兵之利也。

【译文】 孙子说：凡用兵作战，须做的物资准备有：轻车千辆，重车千辆，兵卒十万人，要长途运载粮草；还有前后方的各种经费，招待路途中的国宾使节、策士的费用；以及武器装备维修的胶漆等材料费用，保养战车、甲胄的支出，这样每天开支多至千金，之后十万大军才能出动。所以，用兵打仗就要速战速决，举兵必克，一旦长久僵持，军士锐气就会受挫，导致兵力耗尽。如此，军队战斗力衰竭，国家资财不足，供给困难。那么，其他诸侯国就会趁这个困顿局面举兵进攻，即使睿智高明的人也难以收拾残局。用兵打仗，只听说计谋不足而靠神速取胜的，没有听说有计谋却要拖延战争时日的。战争时间长而对国家有利这种事，从来就没有过。因此，不能全面了解用兵害处的人，也就不能真正懂得用兵的益处。

【启示】 孙子在本文前一大段都在阐述用兵须做的准备（轻车、重车、甲兵、粮草及各种费用），也非常详尽也给出了导致危害的相关因素，这个过程是以客观事实为依据去分析、论证、推导出"用兵之害"的结果，以引起君王的注意，希望得到重视和警惕。随后依然用辩证的方式先去论证"速"的反面——"久"的危害因素，并以拙速、巧久来把事情讲明白，推导出其最终结论：用兵没那么简单啊，不明白用兵的有害面，就没有办法用好兵。知其害，避其害，此为"计"的思维方式。

总结：详细而客观地说明痛点及其相关因素，引起关注、重视，并顺理成章引出其反面（解决方案）。

用兵之害

用兵之法——用兵的成本，日费千金

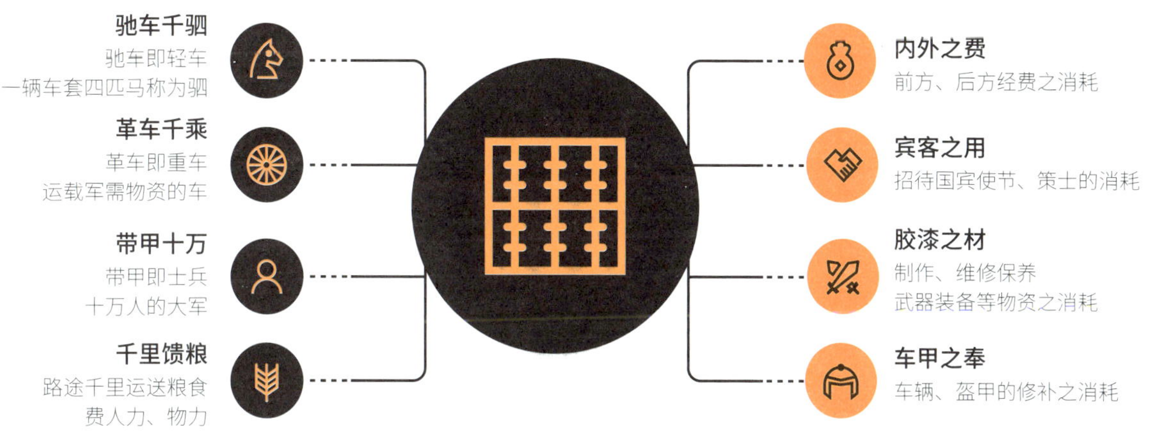

因消耗太大　胜　应速战速决

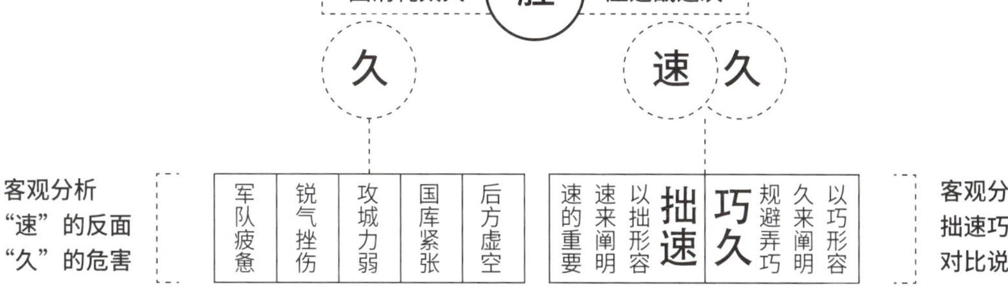

孙子用辩证的逆向思维先说明“速战”的反面——“久战”的危害，之后又通过对比拙与巧来说明要客观分析、对比。此种思考的路径也是“计”的过程，并由此得出以下结论。

故不尽知用兵之害者，则不能尽知用兵之利也。

不知用兵之害 ←------→ 不知用兵之利

06. 善用兵者

曹操曰："欲战必先算其费，务因粮于敌也。"

【原文】 善用兵者，役不再籍，粮不三载；取用于国，因粮于敌，故军食可足也。国之贫于师者远输，远输则百姓贫；近于师者贵卖，贵卖则百姓财竭，财竭则急于丘役。力屈、财殚，中原内虚于家。百姓之费，十去其七；公家之费，破车罢马，甲胄矢弩，戟楯蔽橹，丘牛大车，十去其六。

【译文】 孙子说，善于用兵的人，从不会持续征兵，也不会经常从国内往军队运送粮草。善于用兵者，从国内拿取需要的武器，从敌人那里夺取需要的粮草，军队的粮食就有所保障了。但是，出兵的消耗是很大的，这会导致国家贫困，因为远征会让百姓贫困，为什么？因为凡驻军处，周围物价就会上涨，百姓会首先感受到，由于吃喝拉撒都是钱，国家就会因为财富枯竭而不得不增加赋役。国耗财枯，国内人人口袋空空、肚子空空。百姓的财产就要被消耗掉十之有七，公家财产的耗费如轻车、重车的破损，马匹劳顿，盔甲、弓箭、戟盾、战车上用的大盾以及运输用的牛、牛车的耗损，会耗掉十之有六。可见出兵对国家的消耗之大。

【启示】 上文解释用兵之害，即出兵太耗费钱财了，人工费、运输费、招待费以及武器装备的维护费用，开支极大。孙子分析出兵既然如此费钱，就要逆向思考，怎么样才能缩减开支呢？那就是缩短战争的时间，择拙速弃巧久。随后本文接着讲，出兵不仅费钱，时间消耗也很大，开支随着时间的延长而不断增大，内耗增大，导致国家不得不继续深挖自身资源，从而陷入恶性循环。所以孙子通过论述出兵对财力、物资、人力、畜力的消耗来强调战争的补给问题，一旦战线拉得太长，运输补给跟不上，终会导致不战则国灭的情况。

在生活、工作中，如若不能站在对方的角度或站在利他的视角看问题，固执地认为自己是对的、没有错，我劝你改变这种思维，去了解学习多种视角。否则你会耗家人、耗同事，最后耗掉自己的所有。

总结：查理 · 芒格说："你要反过来想，总是反过来想。"主观时，反过来；内耗时，反过来；居安时，思危。

善用兵者

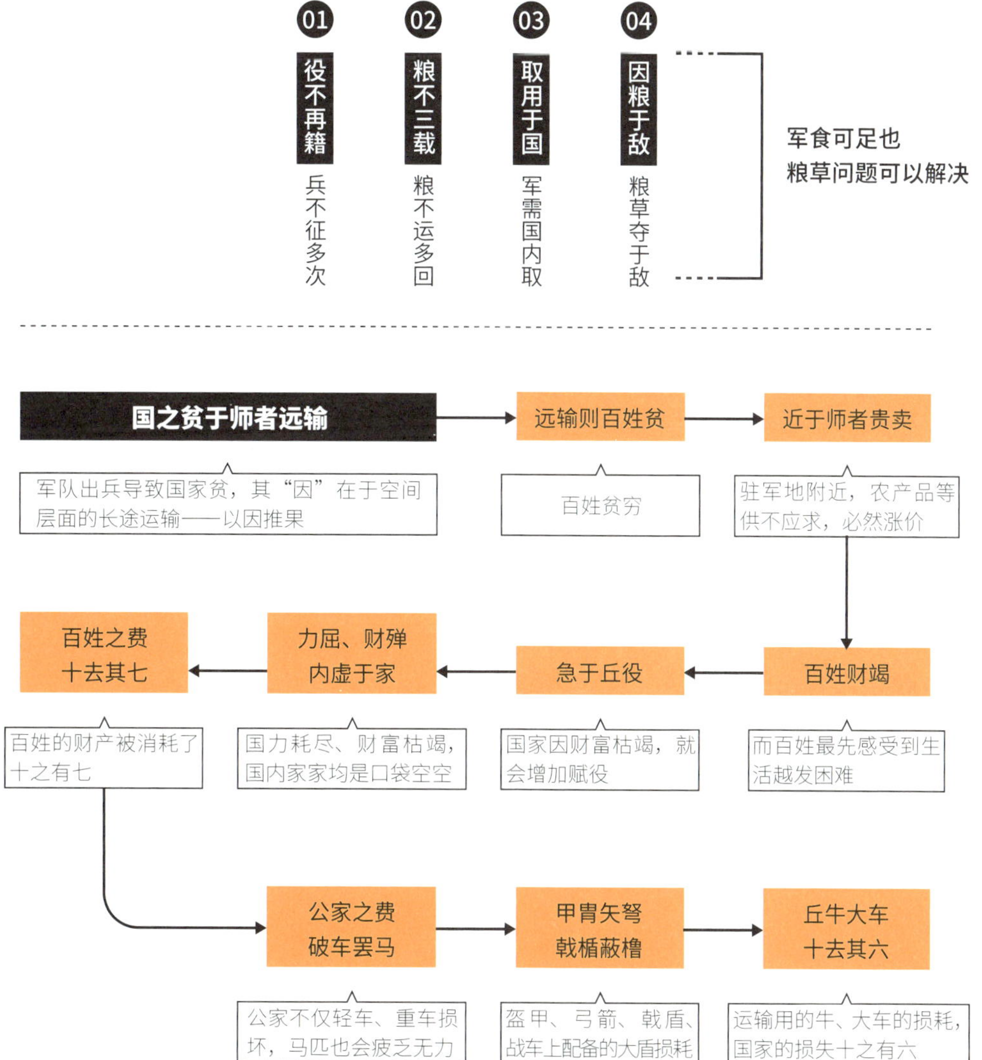
01
役不再籍
兵不征多次
02
粮不三载
粮不运多回
03
取用于国
军需国内取
04
因粮于敌
粮草夺于敌
军食可足也
粮草问题可以解决
国之贫于师者远输
军队出兵导致国家贫，其“因”在于空间层面的长途运输——以因推果
远输则百姓贫
百姓贫穷
近于师者贵卖
驻军地附近，农产品等供不应求，必然涨价
百姓财竭
而百姓最先感受到生活越发困难
急于丘役
国家因财富枯竭，就会增加赋役
力屈、财殚
内虚于家
国力耗尽、财富枯竭，国内家家均是口袋空空
百姓之费
十去其七
百姓的财产被消耗了十之有七
公家之费
破车罢马
公家不仅轻车、重车损坏，马匹也会疲乏无力
甲胄矢弩
戟楯蔽橹
盔甲、弓箭、戟盾、战车上配备的大盾损耗
丘牛大车
十去其六
运输用的牛、大车的损耗，国家的损失十之有六

07. 因粮于敌

曹操曰："欲战必先算其费，务因粮于敌也。"

【原文】 故智将务食于敌，食敌一钟，当吾二十钟；萁秆一石，当吾二十石。故杀敌者，怒也；取敌之利者，货也。故车战得车十乘已上，赏其先得者，而更其旌旗，车杂而乘之，卒善而养之，是谓胜敌而益强。

【译文】 孙子前文说出兵对国家的消耗之大，本文就有了对应的方法：聪明的将帅务必就地解决问题，因粮于敌。粮食要从对方取，因为就时间成本、空间成本来计算的话，从对方获取一钟粮食相当于从我方运送二十钟粮食，获取饲料一石相当于我方运送二十石。所以，要想办法让我方军士勇猛杀敌，一定要激起士兵对敌人的愤怒；想要激励我方军士勇于夺取对方物资，就一定要用缴获来的财物奖赏士兵。比如车战中，凡是能缴获对方十辆战车以上的，奖励首夺之勇士。战车上的旗帜要换成我方旗帜，并将其混合编入自己的车阵之中，同时要善待俘虏，让他们为我方效力。这就是所谓的战胜敌人的同时还壮大自己之法。

【启示】 胜敌而益强，曹操曰："益己之强。"即所谓以战养战，看似矛盾、对立，却被孙子糅合了，这是因为：

激励奖赏 + **融和对立** = **胜利壮大** 〉 **其本质是孙子对人性的参悟**

- 激励奖赏：越抢越赏，越赏越抢；提升战斗力，就地取材，降低自损
- 融和对立：纳入俘虏，扩充队伍；提升战斗力
- 胜利壮大：不仅战胜对方；还扩充壮大了自己的队伍

总结：因粮于敌，是以战养战，是让敌来养自己，即从别人口袋里拿吃的，削弱敌人，强大自己。

因粮于敌

故智将务食于敌，食敌一钟，当吾二十钟；萁秆一石，当吾二十石。

聪明的将帅懂得如何节省时间及空间成本

春秋时期计量方法
奴隶主、公室公量：一钟=640升
新兴地主阶级家量：一钟=1000升

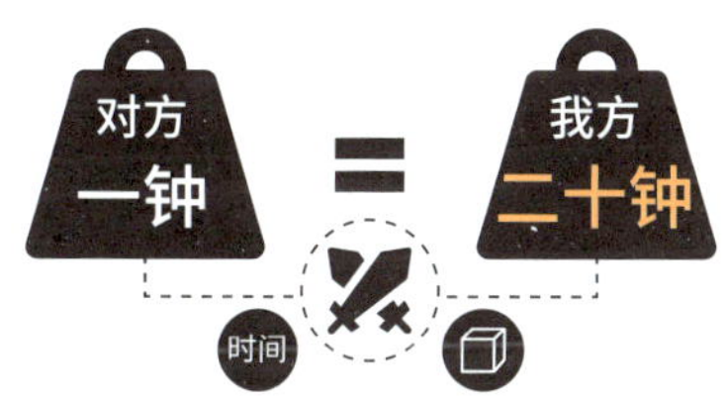

因粮于敌，节省了我方的时间成本、空间运输成本。

春秋时期计量方法
萁：豆秸，饲料用
一石=120斤

因粮于敌，节省了我方的时间成本、空间运输成本。

所以节省成本之法在于“抢”占对方资源，怎么抢？

故杀敌者，怒也；取敌之利者，货也。

激励我方部队要勇敢杀敌，勇于夺取对方物资，如此有赏。

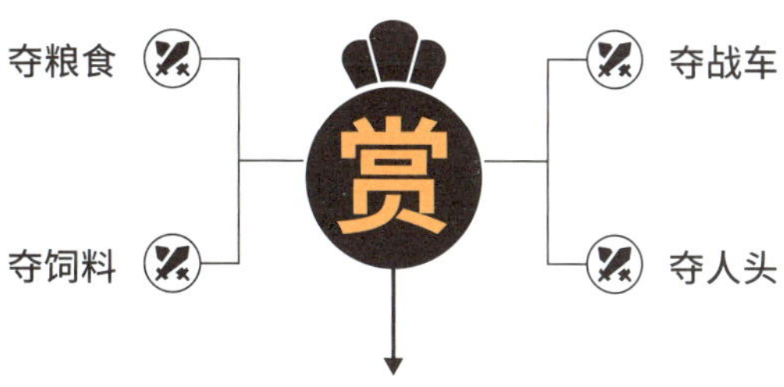

目的：不仅要战胜敌人，还要让自己变强

意思是说，不仅仅这场仗我方要打赢，还要让自己壮大，越来越强。
矛盾吗？其实两者是相互统一的。

08. 速战速决

曹操曰："欲战必先算其费，务因粮于敌也。"

【原文】 故兵贵胜，不贵久。故知兵之将，生民之司命，国家安危之主也。

【译文】 所以，用兵作战贵在速胜，不宜持久。所以懂得用兵的将帅，是子民的"司命"，即子民的救星，是国家安危的主宰者。

【启示】 上文讲如何节省时间、空间方面的成本问题，并通过建立激励政策，不仅节省了这些成本，还能扩大自身势力之法，随后回到主题，即你是否是一位具备此等战略头脑的将帅。当然，孙子强调"知兵之将"也有将帅自身的原因。但客观讲，此结论是片面的，所谓有将无兵，将则寡矣；有兵无将，兵无首则乱矣。将帅重要，兵也同等重要，两者应合一而论。否则过于强调将，则偏于唯心主义，不客观。作战篇，是计篇的延伸，客观解析了出兵之害，并给出了相应的解决方案。就整体而言，属于战略框架的拟定。出兵耗金钱、耗时间、耗人心（及性命）、耗国力，此为出兵之不利处，因此要解决不利因素，就是要变不利为有利。孙子在本文中讲出了矛盾双方对立统一的观点，很经典，值得反复咀嚼。

总结：作战篇即出兵之害——耗金钱、耗时间、耗兵卒、耗国力，此为决策损失思维模型。

速战速决

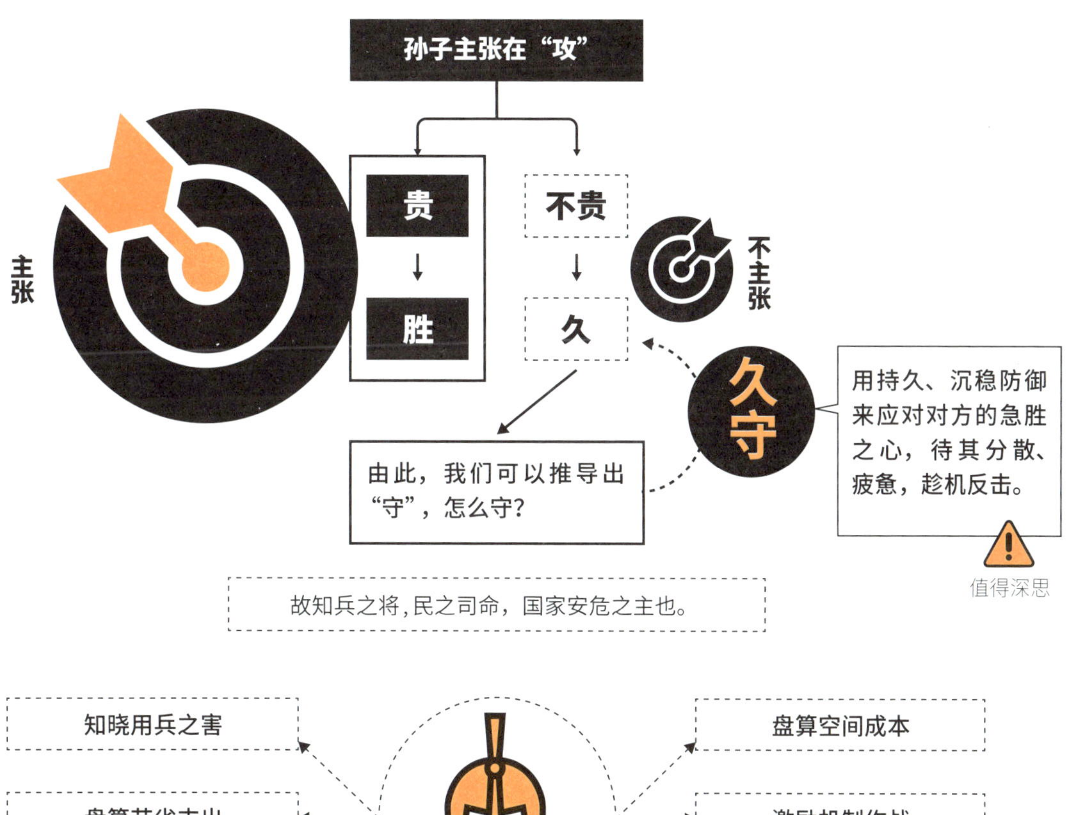

有将无兵，将则寡矣；有兵无将，兵无首则乱。应将兵合一，不唯心。

09. 不战制敌

曹操曰：“欲攻敌，必先谋。”

【原文】

孙子曰：凡用兵之法，全国为上，破国次之；全军为上，破军次之；全旅为上，破旅次之；全卒为上，破卒次之；全伍为上，破伍次之。是故百战百胜，非善之善者也；不战而屈人之兵，善之善者也。

【译文】

孙子说：用兵的指导原则是，使敌人举国屈服投降为上策，用武力打击敌国使之屈服为次；使敌人全军屈服投降为上策，用武力打击敌军使之屈服为次；使敌人全旅屈服投降为上，用武力打击敌旅使之屈服为次；使敌人全卒屈服投降为上，用武力打击敌卒使之屈服为次；使敌人全伍投降为上，用武力打击敌伍使之屈服为次。因此百战百胜，并不算是最高明的，不战而让敌人屈服，才算得上是最高明的。

【启示】

谋攻篇，曹操曰：“欲攻敌，必先谋。”谋而攻敌是临战前的一般规律，不谋而攻，往往措手不及，属临阵磨枪，孙子不主张。孙子主张“不战而屈人之兵”，并分为五个层次，但并没有讲怎么样才能“不战而屈人之兵”。一种说法是通过军事力量悬殊、政治经济手段或者离间对方的手段来实现，简单讲就是博弈，是“谋”博弈“谋”，“计”博弈“计”的过程，尽管孙子将其放在战前，其实战中、战后也都存在。生活、工作中，企业对企业、个人对个人、自己对自己都存在博弈的过程，如何“不战而屈人之兵”？或许可以使用利他手段，即站在对方角度思考，什么才是对方最迫切需要的，以此为开始。

总结：遵循客观规律，了解人性，站在对方角度思考，或可不至于上升至博弈的最终形态——“战”。

不战制敌

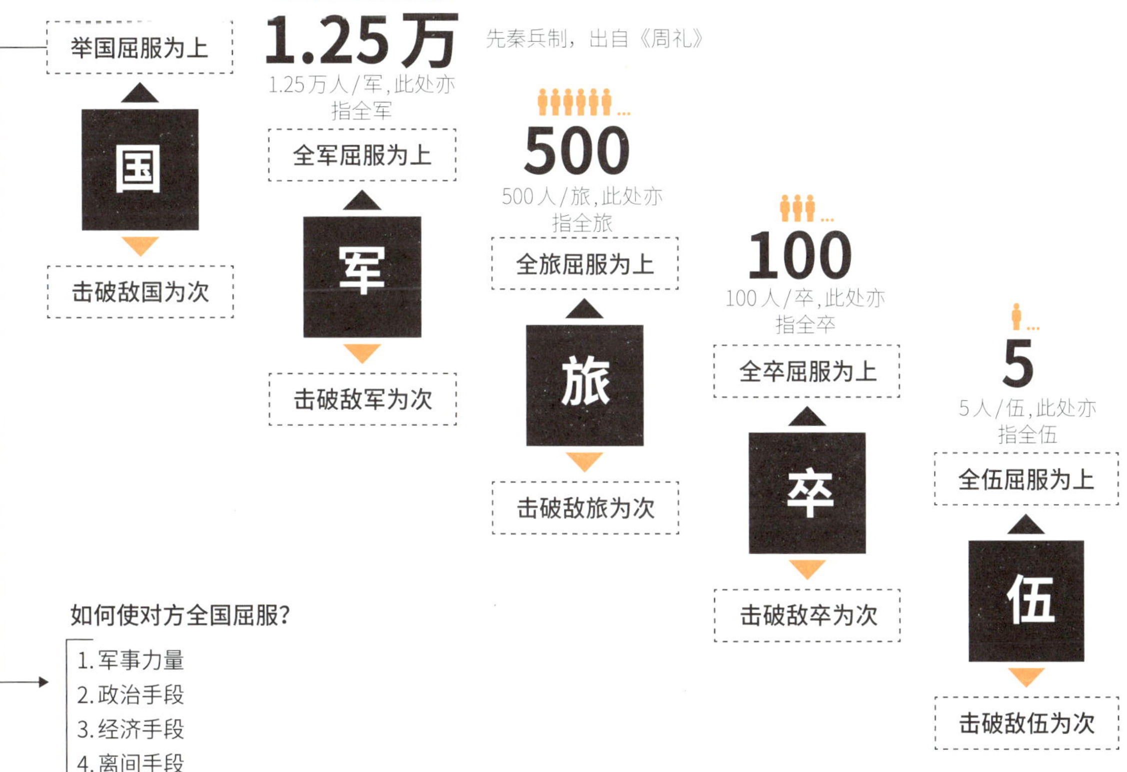

是故百战百胜，非善之善者也；不战而屈人之兵，善之善者也。

总是以武力手段获胜 → 还不算是最好的 → 不战而使对方屈服 → 才是最好的、最高明的

10. 上兵伐谋

曹操曰："欲攻敌，必先谋。"

【原文】

故上兵伐谋，其次伐交，其次伐兵，其下攻城。攻城之法为不得已。修橹轒辒，具器械，三月而后成；距堙，又三月而后已。将不胜其忿而蚁附之，杀士三分之一而城不拔者，此攻之灾也。故善用兵者，屈人之兵而非战也，拔人之城而非攻也，毁人之国而非久也，必以全争于天下，故兵不顿而利可全，此谋攻之法也。

【译文】

关于如何"不战而屈人之兵"，孙子讲了四种谋攻法则：上策为伐谋即用谋略打败敌人，次之用外交手段征服敌人，再次之用武力打垮敌人，下策是攻城而后征服敌人。攻城是不得已而为之，为什么？因为制造攻城的器械（巢车和轒辒）要消耗掉三个月时间，构筑攻城土山又要三个月。如果将帅在长期备战中难以抑制焦躁的情绪，驱使兵卒如蝼蚁般爬云梯攻城，结果兵卒伤亡三分之一却依然攻不下，此即为攻城之害。所以善战者，让敌人屈服而不用硬打，夺其城池而不用硬攻，灭其国不须持久作战。一定要用全胜的计谋争胜于天下，这样，我军不受挫败的影响，同时还可以取得胜利，此为谋划进攻的法则。

【启示】

继续讲"不战而屈人之兵"，并分为四种作战形态，伐谋、伐交属于政治博弈的范畴，而伐兵、攻城则属于军事博弈。孙子的表述方式如作战篇一样，先讲损失、危害，说痛点，并给出客观的分析论点，即"故善用兵者，屈人之兵而非战也，拔人之城而非攻也，毁人之国而非久也"。或可理解为此论点依旧是为"不战而屈人之兵"做论点支撑。如此说来，就个人成长而言，"谋、交、兵、攻"四个字考验的是一个人的全局观。

总结：生活中谋、交、兵、攻四个维度可作为博弈时思考问题的参考标准，据此做出合适的决策。

上兵伐谋

四类谋攻之法

不战而屈人之兵

伐谋	伐交	伐兵	攻城
挫败敌之战略计谋 3	挫败敌之外交能力 2	进攻敌之军事武装 1	下策为不得已攻城 0
目标：摧毁敌方预谋	目标：摧毁敌方外交	目标：摧毁有生力量	目标：摧毁敌方城池

攻城之法为不得已

攻城为下策，不得已之法，为什么呢？

01 制造攻城的器械（周期约三个月）

02 构筑攻城的土山（周期约三个月）

03 主将驱士卒爬云梯（伤亡三分之一）

攻城之害

结论

攻城为不得已，所以善于用兵（不战而屈人之兵）的将帅是什么样的呢？

- 屈人之兵而非战也
- 拔人之城而非攻也
- 毁人之国而非久也

如此，用全胜的计谋争胜于天下，军队也不至于受到挫败的影响，同时还可取得圆满胜利。此为谋划进攻的基本法则。

11. 用兵之法

曹操曰："欲攻敌，必先谋。"

【原文】 故用兵之法：十则围之，五则攻之，倍则分之，敌则能战之，少则能逃之，不若则能避之。故小敌之坚，大敌之擒也。

【译文】 因此用兵的基本法则如下：若我方有十倍于敌的兵力就可围攻对方；有五倍于敌的兵力就可以进攻对方；有一倍于敌的兵力要想办法将对方的兵力一分为二，即拆分对方力量；若有与对方相等的兵力，就要果断地攻击对方的薄弱之处，避实击虚地设法战胜他们；如果我方的兵力比对方少，就要想办法摆脱敌人；对方的兵力比我方强，就要避免硬打的情况。（避免决战不是不战，是不能硬打，能打就打，不能打就走）。所以弱小的一方，如果一味固执坚守，必然会成为强大对手的俘虏。

【启示】 本文强调的是用兵的法则并非固定不变，要因人、因时、因地而变化，所以，将理论用于实战才能帮助我们获得真正的成长。生活中，我们不仅有资源数量（横向）上的差异，还有能力（纵向）上的差异。而通常情况下后四个法则应用较多，如我们遇到困难时，可将问题拆分（倍则分之），或者找到问题的弱点，避实击虚。或者对方过分强大，面对这样的情况时，不要硬碰硬，能打就打，不能打就走（不是逃避的意思）。

总结：敌弱我强时，不能骄躁，要学会根据情况变化来分析应对。敌强我弱时，保持理性，不要硬杠。

用兵之法

六个基本法则

依据敌我众寡、强弱大小等情况的变化而调整作战方法，如下：

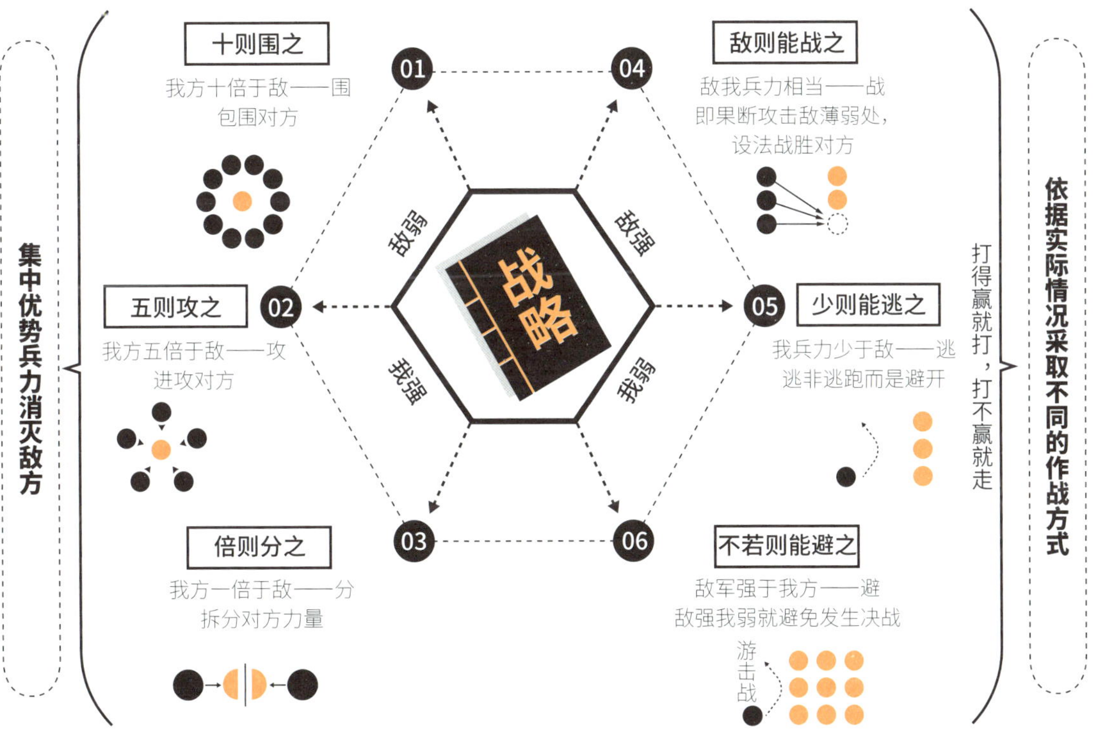

曹操

李筌

弱小的一方，如果固执坚守，必然会成为强大对手的俘虏。因此，孙子强调用兵之法在于——因时因地因人而活用。

12. 乱军引胜

曹操曰："欲攻敌，必先谋。"

【原文】

夫将者，国之辅也。辅周则国必强，辅隙则国必弱。故君之所以患于军者三：不知军之不可以进而谓之进，不知军之不可以退而谓之退，是谓縻军；不知三军之事，而同三军之政者，则军士惑矣；不知三军之权，而同三军之任，则军士疑矣。三军既惑且疑，则诸侯之难至矣，是谓乱军引胜。

【译文】

将帅是国君的臂膀，如果将帅辅佐国君缜密周详，那么国家就会走向强大；如果将帅辅佐国君有疏漏，那么国家必然会衰败。因此，君王可能致使三军受到危害的情况有三种：君王不知进退，不该前进时，硬进，不该后退时，硬退，三军必会受此牵制；不懂战争规律却极力参与战争，或去干涉军队，三军必然迷惑；不了解战地实况却要干预三军指挥，三军就会产生疑虑。如此这般折腾，三军不知进退、迷惑又疑虑重复，对手或他国诸侯难免趁机来犯，此谓自取失败。

【启示】

孙子提出君王有害三军的三种情况，是在强调"用人不疑，疑人不用"，尽管此种解释也会产生另一种含义，就是过于强调将帅的作用，客观讲将帅之能对国之强弱没有决定关系（本文也做了相关逻辑推断）。当然这一原则不仅适用于军事指挥，也适用于日常管理和团队领导。现实中，领导者应建立基于信任的工作环境，激励团队发挥专长。领导者须识别并支持有能力的人才，以提升团队执行力和创新力。同时，领导者应自我反思，优化管理策略，适应变化，确保团队目标不受个人偏见影响。通过团队建设，促进成员间合作，增强凝聚力，共同推动团队进步。

总结：《论语》中有"不耻下问"，不懂不要装懂，是去积极地懂，而要理性客观，持敬畏心，积极地去学习。

乱军引胜

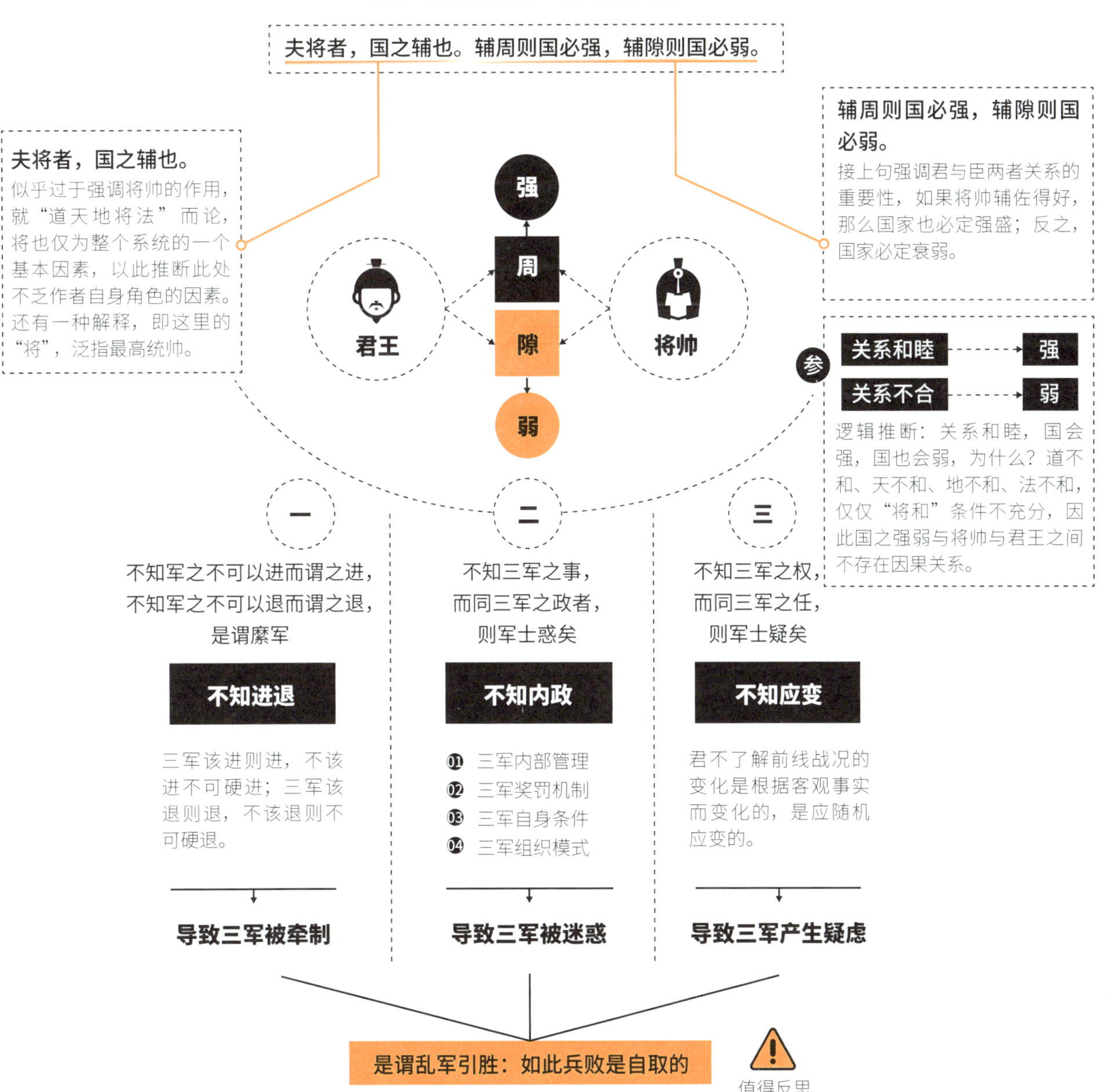
君王有害三军的三种情况
夫将者，国之辅也。辅周则国必强，辅隙则国必弱。
夫将者，国之辅也。
似乎过于强调将帅的作用，就“道天地将法”而论，将也仅为整个系统的一个基本因素，以此推断此处不乏作者自身角色的因素。还有一种解释，即这里的“将”，泛指最高统帅。
辅周则国必强，辅隙则国必弱。
接上句强调君与臣两者关系的重要性，如果将帅辅佐得好，那么国家也必定强盛；反之，国家必定衰弱。
强
周
隙
弱
君王
将帅
参
关系和睦
强
关系不合
弱
逻辑推断：关系和睦，国会强，国也会弱，为什么？道不和、天不和、地不和、法不和，仅仅“将和”条件不充分，因此国之强弱与将帅与君王之间不存在因果关系。
一
不知军之不可以进而谓之进，
不知军之不可以退而谓之退，
是谓縻军
不知进退
三军该进则进，不该进不可硬进；三军该退则退，不该退则不可硬退。
导致三军被牵制
二
不知三军之事，
而同三军之政者，
则军士惑矣
不知内政
01 三军内部管理
02 三军奖罚机制
03 三军自身条件
04 三军组织模式
导致三军被迷惑
三
不知三军之权，
而同三军之任，
则军士疑矣
不知应变
君不了解前线战况的变化是根据客观事实而变化的，是应随机应变的。
导致三军产生疑虑
是谓乱军引胜：如此兵败是自取的
值得反思

13. 预知胜道

曹操曰："欲攻敌，必先谋。"

【原文】 故知胜有五：知可以战与不可以战者胜，识众寡之用者胜，上下同欲者胜，以虞待不虞者胜，将能而君不御者胜。此五者，知胜之道也。

【译文】 可以预见胜利的五个方面：第一，凡是能看清客观实际情况，知道什么时候可以打，什么时候不可以打的，大概率会胜利；第二，懂得用兵，能够根据战况合理分配兵力的，大概率会胜利；第三，国内、军内上下一心的，也大概率会胜利；第四，交战时，准备充分可随机应变的一方，大概率会胜利；第五，将帅有指挥才能（包括道、天、地、将、法），国君不加以干涉的，大概率会胜利。此五条，是预见胜利的五个基本条件。

【启示】 战争这件事，不要指望靠运气来获取胜利，而是清楚地知道应在必胜的前提下去获取。当然预见胜利，也仅仅是预见，并不一定会胜利，预见的胜利与客观事实上的胜利还有一段距离，这段距离就是你在必胜条件下的谋划。计篇中讲过"势者，因利而制权也"，这个"权"是秤砣，秤砣是动态的，在某一段距离里来回测量，一旦定下不动了，就要一战而定。查理·芒格说要反过来想，在我们实际工作生活中，必胜的前提条件是不能过高地相信自己的判断力，但现实是我们很容易自以为是，那怎么办呢？反过来想，必胜不可知，容易主观，那么必败总是不会那么主观吧。

总结：人性时常一厢情愿，所以凡事总是先往好处想，往往会陷于主观。可以反过来，先想失败的情况。

预知胜道

预见胜利的五个基本条件

判断力，即具备能判断敌我客观情况的能力，能打胜就放手去打，知道不能打胜就不打，有此判断力就会胜——明者。

知可以战与不可以战者

将帅有绝对控制权（君王不会加以干涉、干预的情况，并且不会产生如上文所讲的三种危害）就会胜利——权者。

将能而君不御者

知胜之道不在兵多兵少，所以兵多有兵多的运用之法，兵少有兵少的运用之法，如此会胜——用者。

识众寡之用者

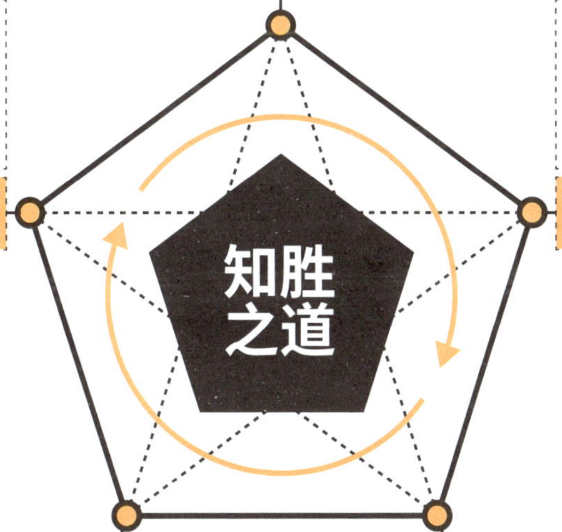

以虞待不虞者

军纪严明，平日便坚持随时作战的训练，如此便可在交战时准备充分，随机应变——机者。

上下同欲者

国内民意所向，军民一致对外，众志成城；军内自上而下，万众一心，大势如此，必胜——一者。

此五者，知胜之道也——
明者（知进退）、用者（知用多少）、一者（上下一心）、机者（知机动）、权者（知用人）

14. 知彼知己

曹操曰："欲攻敌，必先谋。"

【原文】 故曰：知彼知己者，百战不殆；不知彼而知己，一胜一负；不知彼，不知己，每战必殆。

【译文】 因此说：客观了解对方及自己的情况，打再多的仗也不会失败；如果你不能客观地分析对方的情况，但能客观地分析了解自身的情况，或者反过来，能客观分析对方情况，但不能客观判断自身情况，那么胜败的概率一样大；如果你既不能客观分析对方的情况，也不能客观了解自身情况，那么每战必败。

【启示】 谋攻篇第三至此结束，本文由"不战而屈人之兵"为上，引向不得已而战的话，应该怎么打，用兵之法是什么，用兵要预防些什么，保证胜利的条件以及"知彼知己，百战不殆"等战争的一般规律。《孙子兵法》也是博弈之法，生活中我们处处博弈，该怎么博弈？目标清晰——不战而屈人之兵为上，其次伐交，次之伐兵。如果伐兵，知彼知己是前提条件，了解自己还需要以客观的事实为依据。在此等条件下，如何运用、布局你手上的资源，同时还要预判哪些因素会影响你的布局，或者还有哪些障碍，如此，能打就打，不能打就不打，随机应变。

 总结：经典台词："江湖不是打打杀杀，江湖是人情世故。"

知彼知己

战争的一般规律——知彼知己，百战不殆

知己

知之为知之，不知为不知

"知"为客观的"知"，知道就是知道，不知道就是不知道。不知道装知道，不仅是不知道，还说明你没有勇气承认自己不知道。如此仅仅停留在主观层面，难以做出客观判断。

知己，是客观地评判自身条件，也就是你的基本情况，例如你的优势和劣势分别是什么，你的核心技能是什么。

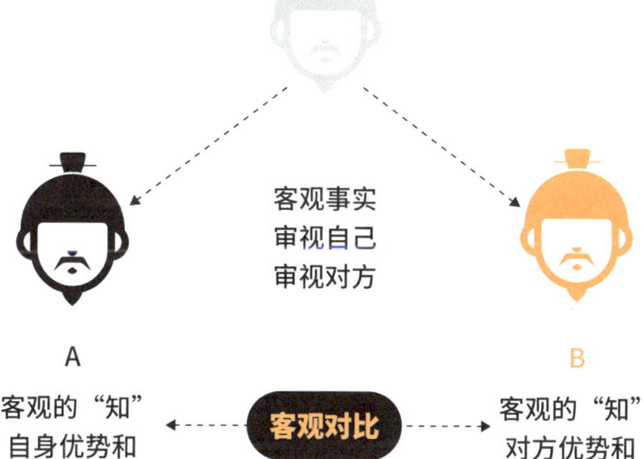

知彼

知之为知之，不知为不知

知彼，是客观地去评判对方的条件，也就是对方的优势和劣势，对方的核心技能等情况。

主客观情况下的知己知彼，其结果是不同的，所以读书不能死读，任何知识的学习和吸收都是以"反思+应用"为目的的。

由此推出三种情况作参考

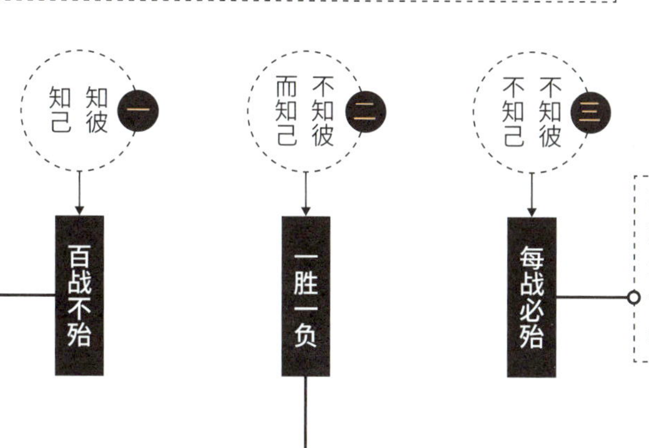

能客观地分析对方的各方面优势和劣势，同时也能客观地分析了解自身的优势和劣势，这依然是前文所讲的能打就打，不能打就不打，如此每次作战都不会失败。

不能客观分析对方的优势和劣势，但能客观分析自身的优势和劣势，那么胜利的可能性有50%，可能会胜，也可能会败。反之，"不知己而知彼"的情况，即不了解自己能不能打，但是能看到对方的优缺点，结果也是相同的。

不能客观地分析对方的优势和劣势，同时也不能客观地分析自己的优势和劣势，仅仅停留在主观层面的自以为是，每战必然会失败。

15. 先为不可胜

曹操曰：“军之形也。我动彼应，两敌相察，情也。”

【原文】

孙子曰：昔之善战者，先为不可胜，以待敌之可胜。不可胜在己，可胜在敌。故善战者，能为不可胜，不能使敌之可胜。

【译文】

孙子说：古往今来，善于指导战事的人，先要自己创造不被对方战胜的条件，来等待战胜对方的时机。不被战胜这完全掌握在自己手中，能否战胜对方，则在对方是否犯错，暴露其弱点。所有善战者，通过主动解决自身问题，可以做到不被战胜，不能强求对方一定露出破绽，而被我方打败。

【启示】

胜可知而不可为，这里存在一个客观因素，当你实力不敌时，只需要做一件事，那就是等待。这个等待，不要误解为“什么都不干了”，这么想问题就大了。其实很多概念都很容易被误读，比如“顺其自然”，顺其自然并不是就这么着了，躺平了，而是顺应自然发展的规律去主动地做事，并非不做事。主动一点，去积累自身实力，以此等待对方露出破绽。再者，主动去做事是将希望放在自己身上，或者说靠自己。很多时候，我们本能地会依靠他人，比如在家靠父母，出门靠朋友等。《孙子兵法》也在阐述这个道理，凡事靠不得他人，靠自己就对了。你要做的是修正自己，目的还在于积累实力。

总结：面对客观存在的敌强我弱，不一定非赢不可，别强求，耐住性子沉住气，主动去积累自己。

军形篇讲战争的胜败是以客观的物质条件（即形）为前提的。形为潜在的势，或势的现象，或基础。势则是形的本质或实用路径。

形是有形可见的势
形是客观运动物质
形是得与失的计算
形积累成当下的势

势是变化不可见的形
势是主观物质运动
势是合适的进与退
势累积出当下的形

《资治通鉴第十卷（汉纪）》中荀悦论曰："夫立策决胜之术，其要有三：一曰形，二曰势，三曰情。形者，言其大体得失之数也；势者，言其临时之宜、进退之机也；情者，言其心志可否之实也。故策同、事等而功殊者，三术不同也。"

先为不可胜

古往今来善于指导战事的人，是首先能够战胜自己的人，即了解自身条件，并消除自身弱点的人，让对方找不到打败你的条件，以此来等待对方的弱点暴露，进而战胜敌人。

昔之善战者，先为不可胜，以待敌之可胜

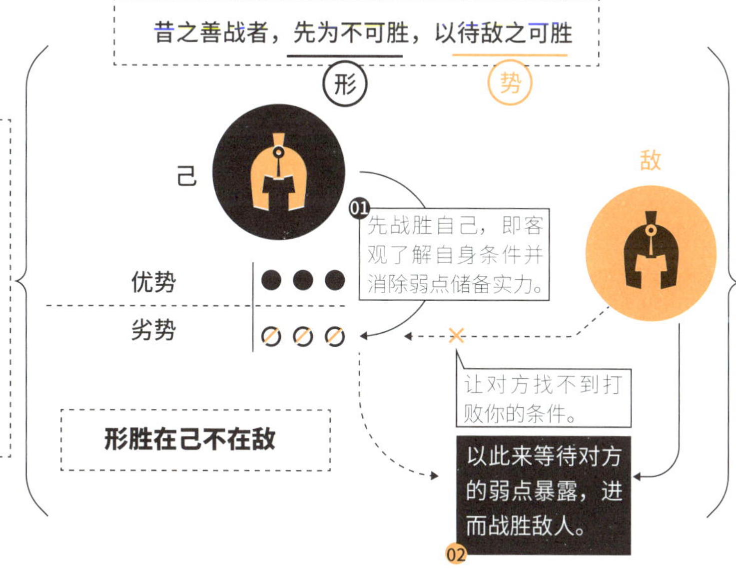

不可胜在己，可胜在敌——消除自身的弱点，敌人没办法胜我。这完全掌握在我们自己手中，是可控的。而对方是否会暴露弱点，这掌握在对方手中。

曾国藩肯定是看过这段的，因为他在指挥战事时从没说过对方怎么样，而是一直在说自己该怎么做。

故善战者，能为不可胜，不能使敌之可胜。

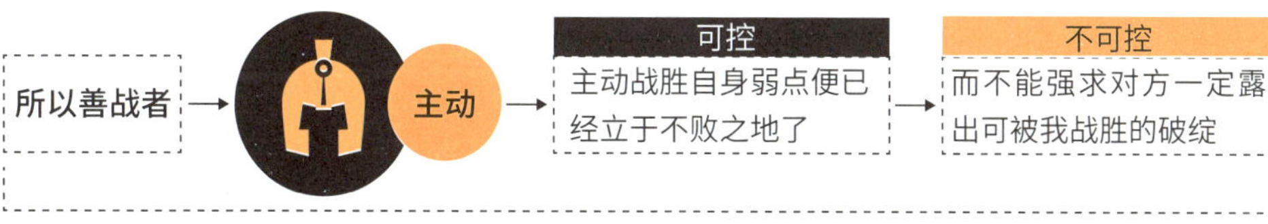

将胜利的希望放在提升自身实力上，而不是寄托在敌人身上。

16. 胜可知，而不可为

曹操曰：“军之形也。我动彼应，两敌相察，情也。”

【原文】 故曰：胜可知而不可为。不可胜者，守也；可胜者，攻也。守则不足，攻则有余。善守者藏于九地之下，善攻者动于九天之上，故能自保而全胜也。

【译文】 所以说胜利可预见，但不能凭主观意愿去强求。敌人不可战胜时，就要防守；敌人有可乘之隙，就要进攻。之所以防守是因为我方兵力不足，之所以进攻是因为我方兵力占优。善于防守者，可将自身实力隐藏得很深；善于进攻者，一动则产生从天而降的效果。如此不仅能保存自己的实力，还能取得最后的胜利。

【启示】 我看过很多有关《孙子兵法》的解读，个人比较倾向于郭化若将军的分析，有力量感，简洁明了。若想要详细读，可看《十一家注孙子》、李零教授的《兵以诈立》，都非常详细。要知道，《孙子兵法》本身并不具体，更多的是靠自己去悟，千万别扯上商业案例或者转化为商业化思维。结合商业化思维很容易硬套，因为商业化思维也是在变的。

对本文的有些解读似乎都忘了形，解读来解读去，前后孤立是不可取的。本文依然是在讲“形”，形胜就是在等待中积累，让自己不可胜。

 **总结：对自身而言，能判断或预知未来的结果，是基于对自身实力的客观且真实的了解。**

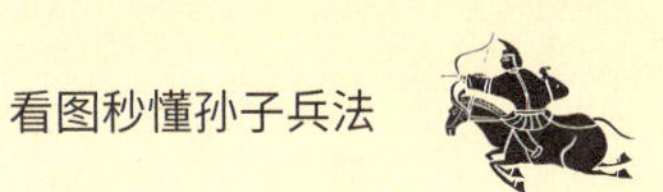

胜可知，而不可为

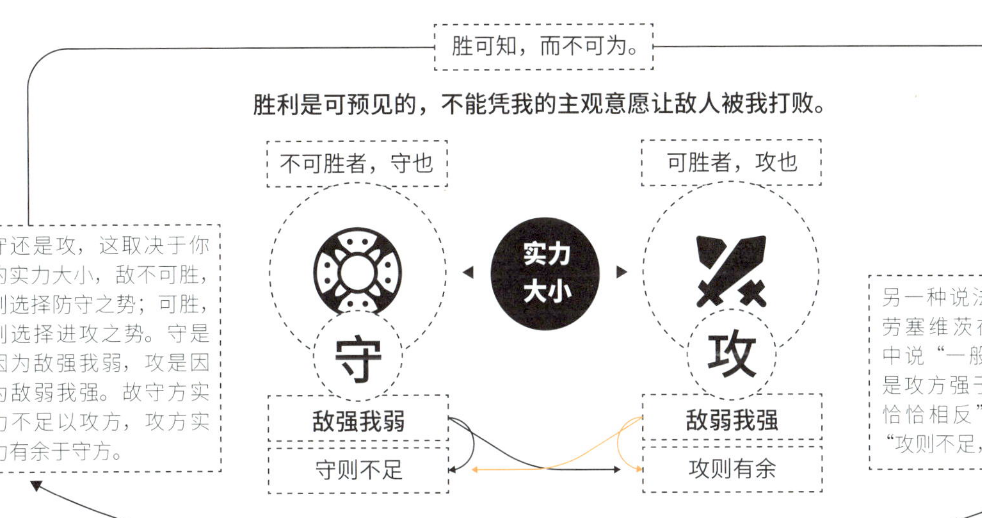

善守者藏于九地之下，善攻者动于九天之上，故能自保而全胜也。

九天：九意指多，即气象万千，指变化多端之形。

善攻者，会将自己的力量高度发挥。

梅尧臣曰：“九天，言高不可测。”

善攻者，动作于天之气象万千。

曹操曰：“因天时之变者，动于九天之上。”

善守者，会将自己的力量隐藏极深。

梅尧臣曰：“九地，言深不可知。”

善守者，隐藏于山川地形之下。

曹操曰：“因山川、丘陵之固者，藏于九地之下。”

九地：即各种地形，指奇形怪状之地形。

17. 实力定胜负

曹操曰："军之形也。我动彼应，两敌相察，情也。"

【原文】 见胜不过众人之所知，非善之善者也；战胜而天下曰善，非善之善者也。故举秋毫不为多力，见日月不为明目，闻雷霆不为聪耳。古之所谓善战者，胜于易胜者也。故善战者之胜也，无智名，无勇功，故其战胜不忒。不忒者，其所措必胜，胜已败者也。故善战者，立于不败之地，而不失敌之败也。是故胜兵先胜而后求战，败兵先战而后求胜。善用兵者，修道而保法，故能为胜败之政。

【译文】 众人都能预见到的胜利，算不得高明；打了天下皆称赞的胜仗，也算不得高明。就如同举起秋毫算不得力量大，看到日月算不得眼明，听到雷声算不得耳聪一样，明摆着的事，实力定胜负。自古善于指挥作战者，胜在容易取得胜利的条件上。所以打了胜仗的人不一定有智谋之名，也不一定有勇猛的功夫，他们能胜，在于没有出差错。之所以不会出差错，在于他们给自己创造必胜的条件（即先为不可胜），以此战胜处于失败地位的对手。善战者总是会让自己处在不败之地（不断地提升自己），而不放过任何一次使敌人失败的机会。因此，胜者一般会先有了胜利的把握再去战，败者往往先去战，再企图侥幸胜利。善战者，政治严明，法治严守，因此能掌握胜败的决定权。

【启示】 我们做事情多白手起家，并不是一开始就会有很多帮助我们的资源，所以必然有不断积累的过程。什么是高明？高明在"先为不可胜"、在"胜可知，而不可为"。成功这件事情，没那么难，成功之路就是修自己、积累自己，遵循客观规律，不要违反客观规律。

总结：水滴石穿，在于持续地累积。

实力定胜负

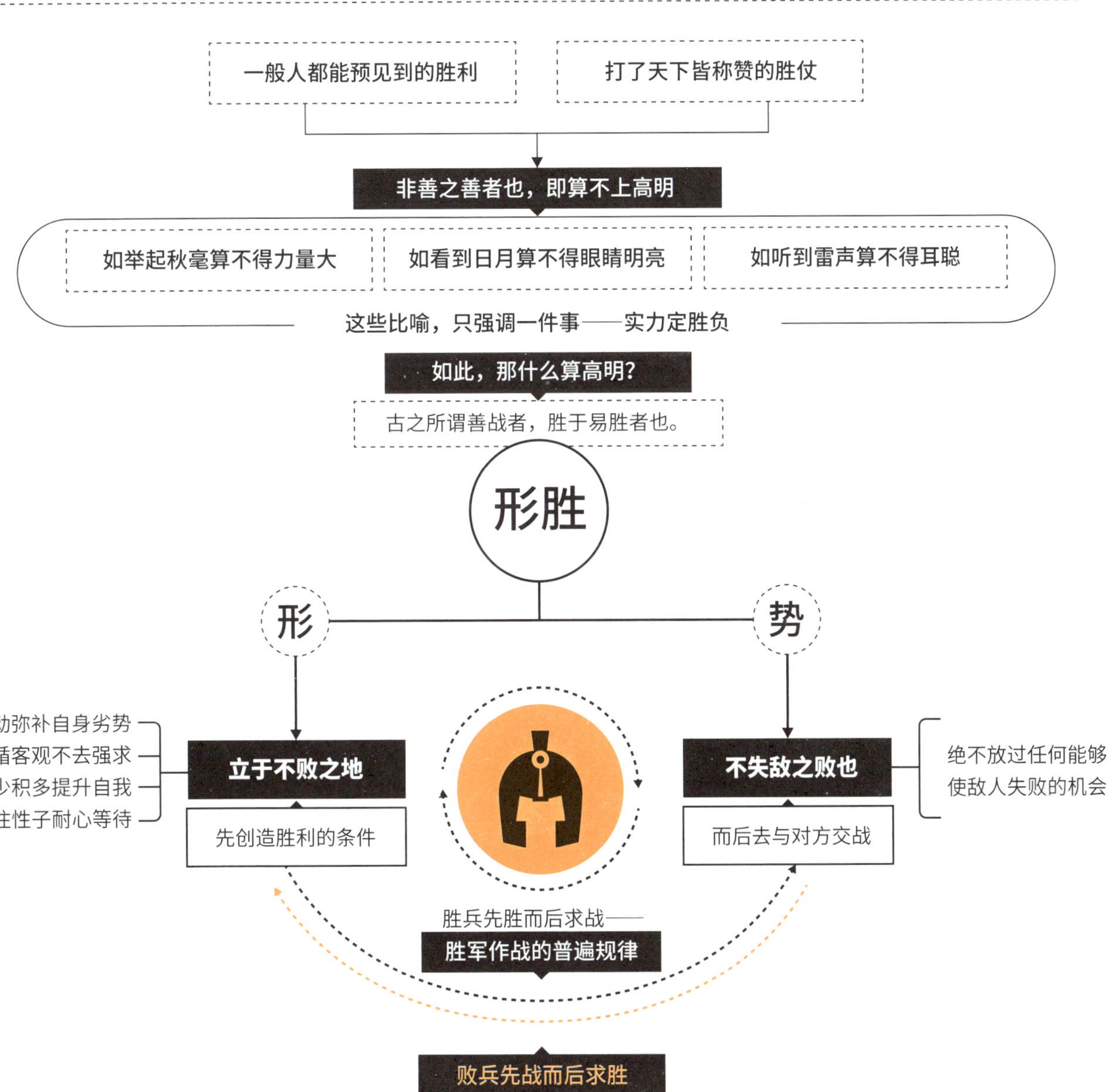
一般人都能预见到的胜利
打了天下皆称赞的胜仗
非善之善者也，即算不上高明
如举起秋毫算不得力量大
如看到日月算不得眼睛明亮
如听到雷声算不得耳聪
这些比喻，只强调一件事——实力定胜负
如此，那什么算高明?
古之所谓善战者，胜于易胜者也。
形胜
形
势
主动弥补自身劣势
遵循客观不去强求
以少积多提升自我
沉住性子耐心等待
立于不败之地
先创造胜利的条件
不失敌之败也
而后去与对方交战
绝不放过任何能够
使敌人失败的机会
胜兵先胜而后求战——
胜军作战的普遍规律
败兵先战而后求胜

18. 积少成多

曹操曰："军之形也。我动彼应，两敌相察，情也。"

【原文】 兵法：一曰度，二曰量，三曰数，四曰称，五曰胜。地生度，度生量，量生数，数生称，称生胜。

【译文】 军事中的五个范畴：一是要估算自己的国土面积，二是要推算本国物产数量的多寡，三是军队规模的统计，四是对双方军事力量进行细致的比较，五是胜负的判断。首先敌我双方都有土地，有土地就产生了国土面积大小（度）的问题；敌我双方国土面积大小不同，就会产生粮食产量（量）的问题；敌我双方粮食产量多少的不同，就产生了人口数目（数）的问题，也就是可征召的兵力数量的问题；敌我双方可征召的兵力不同，就产生了敌我军事力量的轻重（称）的问题，而敌我军事力量轻重的不同，就产生了胜和败。

【启示】 以物质基础为客观衡量标准，这也是为"先为不可胜"的"为"提供了一个方向性的抓手。因此，在我们去反求诸己，寻找和消除自身劣势的时候，此五个范畴就为我们提供了参考。现实中，例如在公司或企业的发展中，其规模大小如何，对未来市场的布局规划如何，具体渠道有哪些，团队实力如何等，都是非常重要的因素。在个人成长中，对手是我们自己，你的底层逻辑框架是什么，你的固有思维路径是怎样的，你应当如何看待自己的人性，是不是太主观、自以为是……也都是需要考虑的。

总结：由形去推导形胜，当你力量薄弱时，有目标地从最小因素开始去积累自己，即复利思维模型。

积少成多

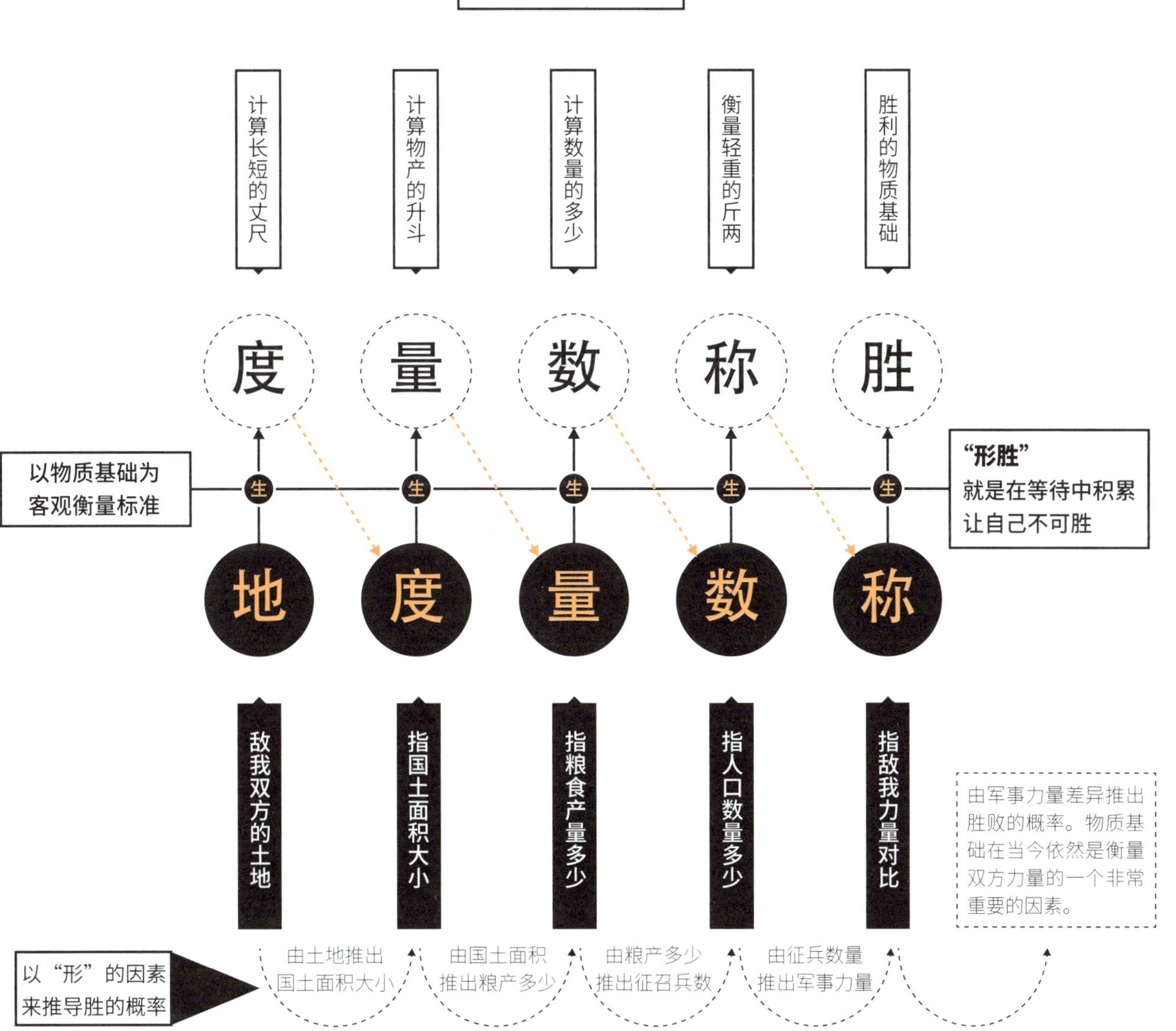

军事中的五个范畴
计算长短的丈尺
计算物产的升斗
计算数量的多少
衡量轻重的斤两
胜利的物质基础
度
量
数
称
胜
以物质基础为客观衡量标准
生
生
生
生
生
“形胜”就是在等待中积累让自己不可胜
地
度
量
数
称
敌我双方的土地
指国土面积大小
指粮食产量多少
指人口数量多少
指敌我力量对比
由军事力量差异推出胜败的概率。物质基础在当今依然是衡量双方力量的一个非常重要的因素。
以“形”的因素来推导胜的概率
由土地推出国土面积大小
由国土面积推出粮产多少
由粮产多少推出征召兵数
由征兵数量推出军事力量

19. 蓄势待发

曹操曰："军之形也。我动彼应，两敌相察，情也。"

【原文】

故胜兵若以镒称铢，败兵若以铢称镒。胜者之战民也，若决积水于千仞之溪者，形也。

【译文】

所以打胜仗的队伍，就如同用"镒"来称"铢"，占有绝对优势；而打败仗的队伍则如用"铢"来称"镒"，处于绝对劣势。因此，胜利的队伍作战，如同掘开积水已久、位于千丈高处的水流，其势猛不可当，具有巨大的冲击力。

【启示】

军形篇第四至此结束，文字描绘出的动态画面感甚为壮观，让人感叹！"先为不可胜，以待敌之可胜"，主角在自身，"先为"是首要的事情，我守是因为当下我力量不足，还不够强大，那么我就需要藏于九地之下，把该做的工作做好，主动积蓄自身力量，不断地提升自己，观察自己，反思自己，修正自己，让自己能时刻处于不败之地，之后便是集中自己的绝对优势。例如，美国企业家乔布斯的"极致"表现就在他的专注力上，他会把注意力集中对准目标，把分散精力的所有事情都过滤掉，如此让自己在计算机领域占据压倒性优势。《孙子兵法》最后强调，我们不仅仅要集中绝对优势力量（积水的过程），还要看准时机（机），时机到了要借形成势（由形变势），此时重量加速度，让自己的力量呈指数级增长。

总结：孙子在军形篇中讲一切客观物质都是动态的，其延伸性是极其广泛的，目标是非常明确的。

蓄势待发

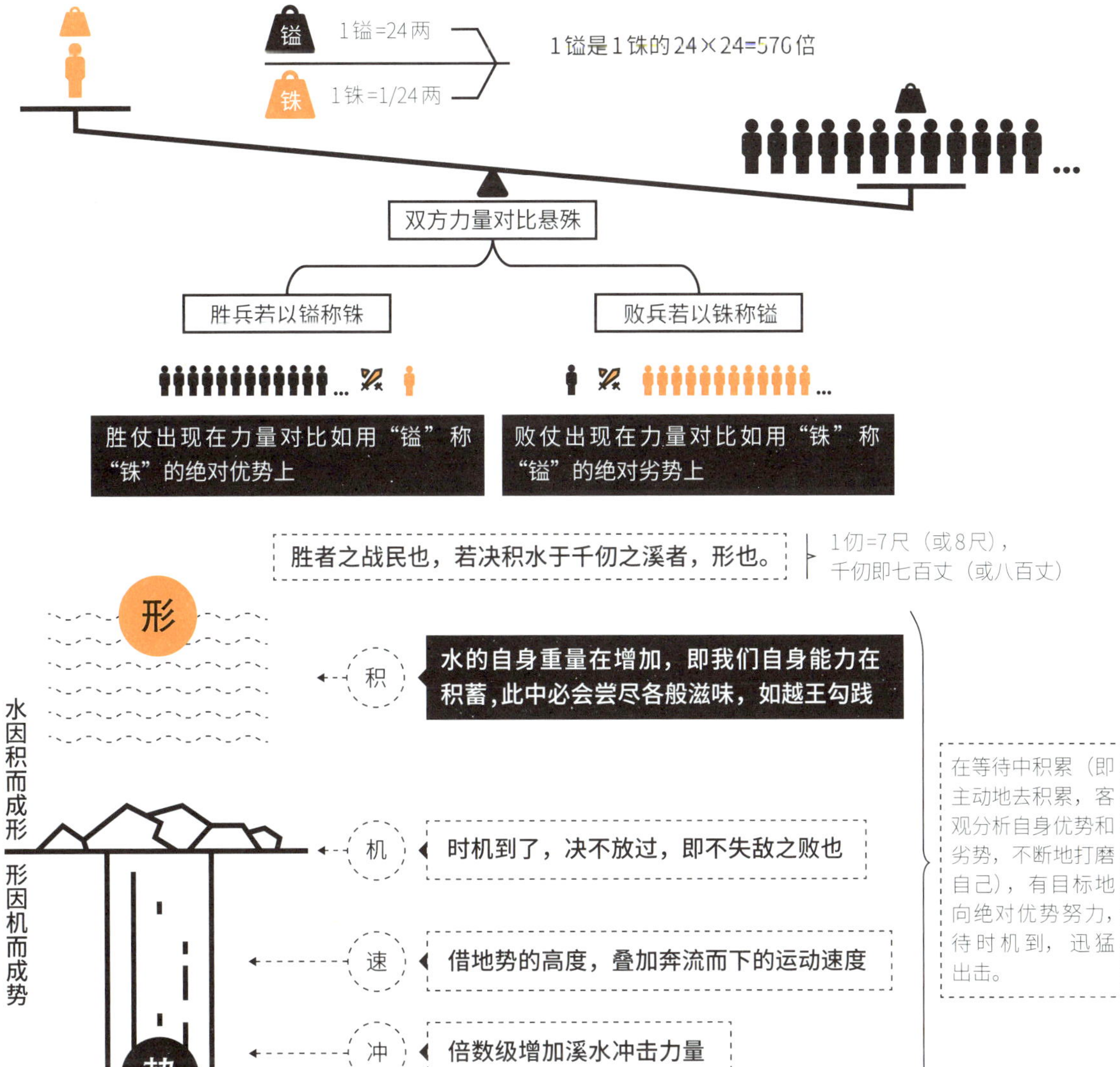

镒
1镒=24两
铢
1铢=1/24两
1镒是1铢的24×24=576倍
双方力量对比悬殊
胜兵若以镒称铢
败兵若以铢称镒
胜仗出现在力量对比如用“镒”称“铢”的绝对优势上
败仗出现在力量对比如用“铢”称“镒”的绝对劣势上
胜者之战民也，若决积水于千仞之溪者，形也。
1仞=7尺（或8尺），千仞即七百丈（或八百丈）
形
水因积而成形
形因机而成势
积
水的自身重量在增加，即我们自身能力在积蓄，此中必会尝尽各般滋味，如越王勾践
机
时机到了，决不放过，即不失敌之败也
速
借地势的高度，叠加奔流而下的运动速度
冲
倍数级增加溪水冲击力量
势
在等待中积累（即主动地去积累，客观分析自身优势和劣势，不断地打磨自己），有目标地向绝对优势努力，待时机到，迅猛出击。

20. 众寡之分配组合

曹操曰："用兵任势也。"

【原文】

孙子曰：凡治众如治寡，分数是也；斗众如斗寡，形名是也；三军之众，可使必受敌而无败者，奇正是也；兵之所加，如以碫投卵者，虚实是也。

【译文】

孙子说：管理人数多的队伍，如管理人数少的队伍一样，是因为层级分配、人员定编明确；指挥人数多的队伍，如指挥人数少的队伍一样，是因为远程指挥系统搭建完善；统领三军，即便遭受对方突袭也不会溃败，是因为奇正战术运用（兵力配置）得好；进攻对方，如以石击卵一样，是因为"避实就虚"用得好。

【启示】

形与势，形是有形的客观物质，势是看不见的主观指导。形中有势，势中有形。形表现在前，势隐藏在后，两者相辅相成。形是大体得失之数，你胜算有多大，这是算得出来的。算清楚了再做，算不清楚就不做。势是临时进退之机，事算清楚了，接下来就去做事等待时机出现。古代善战的人，先规划自己，让自己不可战胜，然后等待可以战胜敌人的时机。如果条件不具备，不可以强为。形胜，是在等待中积累，让自己不可胜，越来越强。势胜，是胜机出现，抓住机会，一战而定乾坤！生活中无论你从事什么行业，都要先苦练自己的基础能力，再等待机会的出现，伺机而动。等待并不是不作为，而是要积累自己。《孙子兵法》通过四个层面讲出形与势的关系，前形后势，即前期的准备工作要做足，后期努力做事等待时机。

总结：做事情之前得算，算明白得做，做的过程等待机遇。然而事实为，边做边算，边算边做，伺机而动。

势隐藏于形后，东汉政论家荀悦表示，形就是大体得失之数，势就是进退之机。形在外，势在内，形可见，势不可见。李零教授在《兵以诈立》中写道："势就是看不见的手。"

势是不可见在于内
势是主观物质运动
势是合适的进与退
势累积出当下的形

形是可见并在于外
形是客观运动物质
形是得与失的计算
形积累成当下的势

《资治通鉴第十卷（汉纪）》中荀悦论曰："夫立策决胜之术，其要有三：一曰形，二曰势，三曰情。<u>形者，言其大体得失之数也；势者，言其临时之宜、进退之机也；情者，言其心志可否之实也。</u>故策同、事等而功殊者，三术不同也。"

荀悦认为，"势"是对临时情况灵活应对和对进与退随机应变的形势。所以做事先看形，形做起来就要靠势了。

众寡之分配组合

大体得失之数

凡治众如治寡，分数是也

组织编制—分级定编

将全军依照功用划分为不同的系统和层级，并将其组织起来。组织得好，那么管制人数众多的大部队，也会如同管理人数较少的小部队一样容易。杜牧曰："分者，分别也；数者，人数也。"其目的在于保证人与物的有效组合，以利于军队整体作战能力的提升。张预曰："故治兵之法：一人曰独，二人曰比，三人曰参，比参为伍，五人为列，二列为火……"

古代的分与数：独、比、参、列、伍、二列为火

斗众如斗寡，形名是也

远程指挥—信号系统

曹操曰："旌旗曰形，金鼓曰名。"《军政》曰："言不相闻，故为之金鼓；视不相见，故为之旌旗。"即言语指挥听不清就用金鼓（闻鼓而进，闻金而退）来表达，手势指挥看不清就用旌旗（混战中易找到自己的队伍）来表示，即具备远程指挥控制系统，并且建立内部沟通的相关信号，指挥人数众多的军队或小部队，都能使之步调一致。

远程视觉指令　信号变化　远程听觉指令

形　势

三军之众，可使必受敌而无败者，奇正是也

奇正运用—兵力配置

奇正的战术运用通常有三：
1. 军队编制或部署上担任警戒、守备（钳制敌人）的为奇，主力部队为正。
2. 作战方式上，正面攻击部队（明攻）为正，迂回侧击（暗袭）为奇。
3. 按套路（原则）出牌的为正，不按套路（因地制宜）出牌的为奇。

主力部队　正

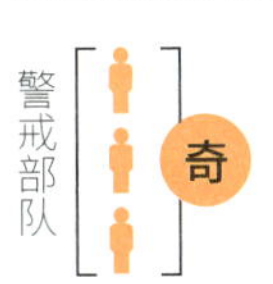

警戒部队　奇

兵之所加，如以碫投卵者，虚实是也

避实就虚—集中力量

曹操曰："以至实击至虚。"即攻打敌人要像以石击卵一样，用强大的力量砸向虚弱的敌人，就一定能够取得胜利。《兵以诈立》中李零教授认为，奇正是"点"方面的军力分配（兵力分散），而虚实则是"面"方面的军力分配（集中兵力），虚实更偏向大规模的战役。

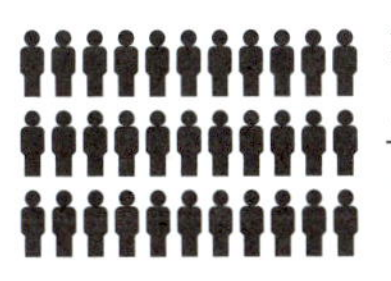

集中力量　以实击虚

奇正、虚实对敌——属于势

临时进退之机

21. 出奇制胜

曹操曰："用兵任势也。"

【原文】

凡战者，以正合，以奇胜。故善出奇者，无穷如天地，不竭如江河。终而复始，日月是也。死而复生，四时是也。声不过五，五声之变，不可胜听也；色不过五，五色之变，不可胜观也；味不过五，五味之变，不可胜尝也。战势不过奇正，奇正之变，不可胜穷也。奇正相生，如循环之无端，孰能穷之？

【译文】

作战用正兵对敌，用奇兵取胜，所以善于出"奇"的将帅，其指挥作战的方法变化多端，如天地的变化一样无穷无尽，如江海一样奔流不息，周而复始如日月盈昃，生生不息如四季轮回。音乐不过五个音阶，而五个音阶的组合变化，可以组成无穷尽的旋律；色彩不过五种，而五种色彩的调和搭配，可以搭配出无穷尽的画面；味道不过五种，可这五种味道，却能组合成无穷尽的美味。战势不过只有奇、正两种因素，但两者却能搭配出无穷无尽的战略战术。两者相互转换，如同圆形，无始无终，谁能穷尽呢？

【启示】

银雀山汉简《奇正》中有一段文字供参考："形以应形，正也；无形而制形，奇也……"大概意思是说用看得见的形对付看得见的形，这种形都是现成的形，就是你知、我知、大家都知道的方法，用这样的方法只能牵制对方，但不能胜，此为正。而"无形而制形"是本来没有这个形，是因形势的变化而制造出来的形，这样的方法，一般都难以抵挡，此为奇。生活中，正可比作惯性思维，奇则是应变思维，只有惯性你就会麻木，只有应变你就会轻浮。

总结：法国学者魏立德在《关于〈孙子兵法〉中的数理逻辑》一文中提过一个有意思的说法，说奇是制造变化的关键，偶加奇得奇，奇减奇得偶。

出奇制胜

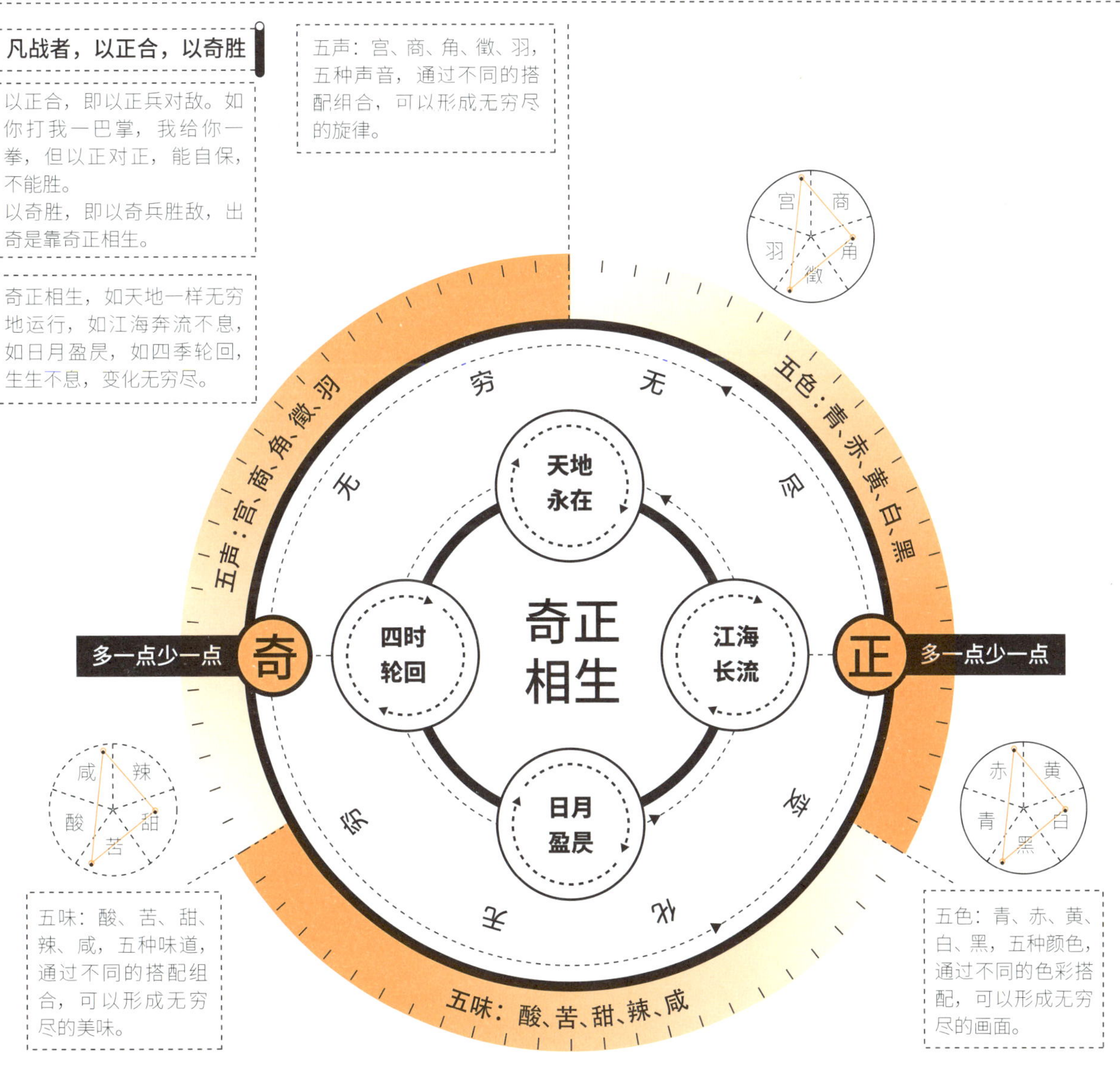

奇、正作为势的两个因素，相克相生，会形成无穷尽的战略对策，如同一个圆，无穷无尽，无始无终，生生不息。

22. 势险节短

曹操曰："用兵任势也。"

【原文】 激水之疾，至于漂石者，势也；鸷鸟之疾，至于毁折者，节也。是故善战者，其势险，其节短。势如彍弩，节如发机。

【译文】 水势汹涌而疾速可以冲走水中的石头，这种隐藏的、积蓄的能量就是势；鸷鸟迅猛而疾速地捕杀猎物，在于其在距离猎物足够近时突然下扑，这种攻其无备的做法叫作节。所以善于指挥战斗的将帅，首先善于造就惊险的态势，其次一旦出击，必是迅猛而疾速的。惊险的势如拉满的弓弩，出击疾速如射出的箭矢。

【启示】 前面讲奇与正，奇正相生，相互转换。以形制形，不能胜，只能自保，所以还是要出奇兵，以无形而制形，这是主观地因形势的变化而制造出来的结果。无形而制形有两个基本条件，一个是本文所讲的势，前面讲过了，蓄势待发的势还是形。此时将自己隐藏起来，积聚力量、修正自己、拉满自己这把"弓弩"，当然是有目标地隐藏积累、盯紧目标。如积水一样累积起来，此为无形。对方也不知道你会使什么招、用什么么式。另一个是节，隐藏好了，力量也积蓄好了，紧盯住敌人的一举一动，已经是拉满的弓弩了，慢慢接近敌人，如鸷鸟一般，先在空中盘旋、观察，瞅准时机，兵贵神速，突然地、猛烈地冲击敌人，出其不意，攻其不备。势——你积累得够多，冲击时就会够猛；节——释放出的力量够突然，够迅速，冲击时就会够快。

总结：势险节短，即积蓄待发的这个形足够迅猛，隐蔽接近对方后，被释放出的势才能足够快。

势险节短

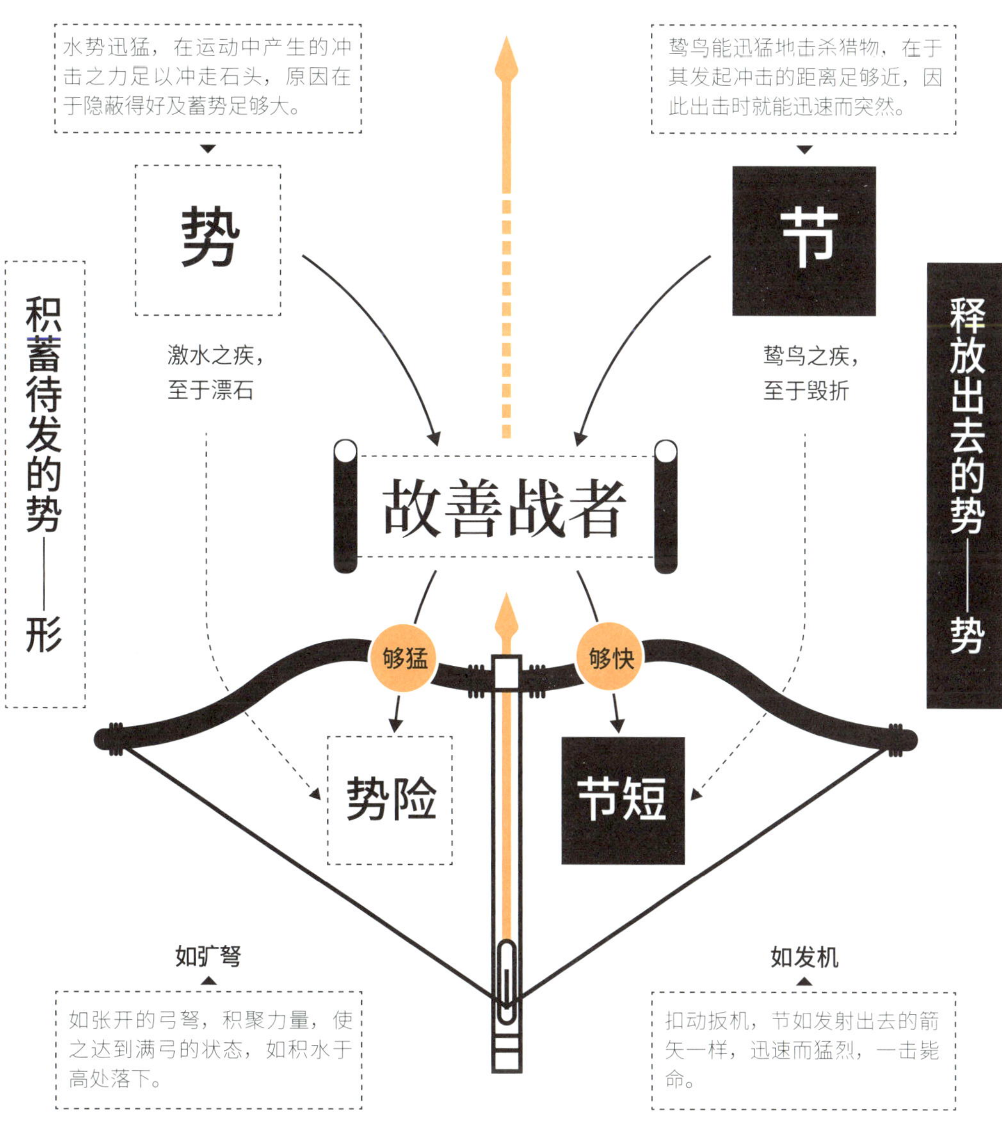
水势迅猛，在运动中产生的冲击之力足以冲走石头，原因在于隐蔽得好及蓄势足够大。
鸷鸟能迅猛地击杀猎物，在于其发起冲击的距离足够近，因此出击时就能迅速而突然。
势
节
积蓄待发的势——形
释放出去的势——势
激水之疾，至于漂石
鸷鸟之疾，至于毁折
故善战者
够猛
够快
势险
节短
如彍弩
如发机
如张开的弓弩，积聚力量，使之达到满弓的状态，如积水于高处落下。
扣动扳机，节如发射出去的箭矢一样，迅速而猛烈，一击毙命。

23. 对立转化

曹操曰："用兵任势也。"

【原文】 纷纷纭纭，斗乱而不可乱也；浑浑沌沌，形圆而不可败也。乱生于治，怯生于勇，弱生于强。治乱，数也；勇怯，势也；强弱，形也。

【译文】 旌旗纷杂，在混乱的状态下作战，不能乱了阵脚；战场人马奔驰、战车转动看不清楚，在这种状态下作战，遵循战形或阵法就不会失败。混乱从严整中滋生，怯懦从勇气中滋生，软弱从强盛中滋生。而严整和混乱取决于编制好坏（靠数）；勇敢和怯懦取决于人为态势的优劣（靠势）；强盛与软弱，则取决于双方有形实力的大小（靠形）。

【启示】 矛盾对立的双方是相互转化的，转化前是平衡状态，转化的过程便是不平衡状态。李零教授提过，"奇正"的奇也是一种不平衡，出奇便是打破平衡。本文孙子所看到的对立状态，如乱是从自己的对立面治中产生的，怯是从自己的对立面勇中产生的，弱是从自己的对立面强中产生的，孙子的这种思想，在当下也已被科学验证，即熵增，宇宙发展的一般规律。在生活、工作中，就如定闹钟一样，我们可以通过主动干预，来打破爱睡懒觉的习惯；通过主动学习，打破人好逸恶劳之本性。

总结：对于我们自身而言，保持可持续的成长与发展便是不断地"治"、可持续地"治"的过程。

对立转化

纷纷纭纭，斗乱而不可乱也

浑浑沌沌，形圆而不可败也

曹操：旌旗乱也，示敌若乱，以金鼓齐之。卒骑转而形圆者，出入有道，齐整也。

旌旗纷纷纭纭，混战之中不乱阵脚

战场混混沌沌，依形而战不会溃败

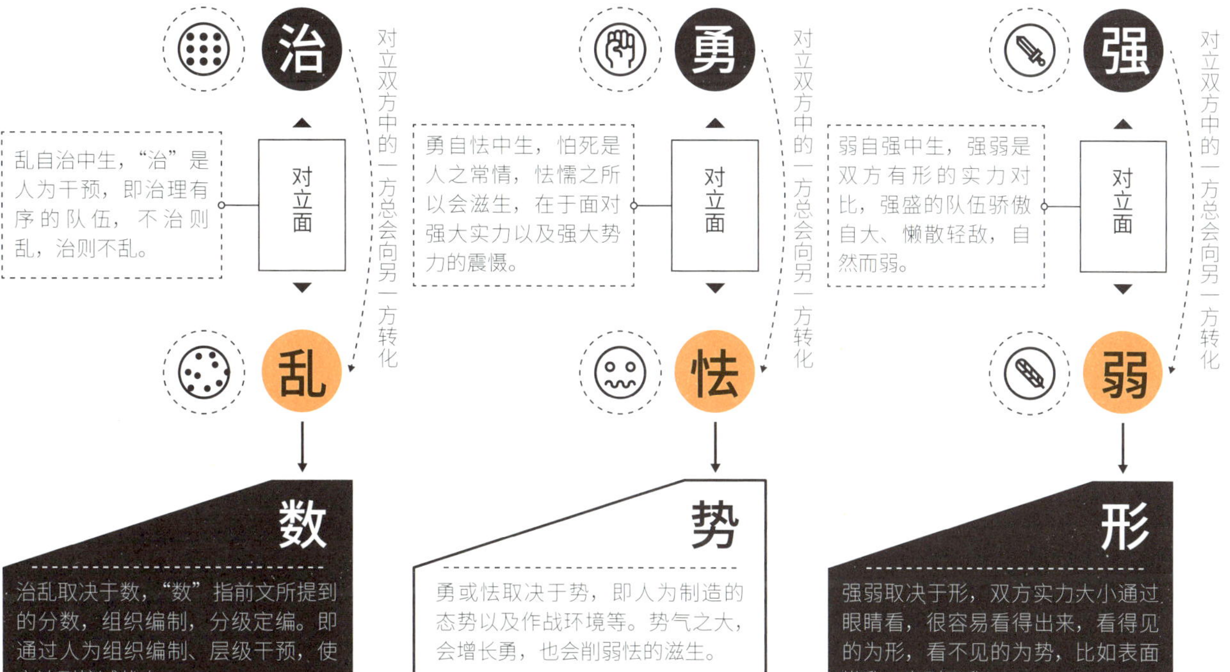

24. 以假乱真

曹操曰：“用兵任势也。”

【原文】 故善动敌者，形之，敌必从之；予之，敌必取之。以利动之，以卒待之。故善战者，求之于势，不责于人，故能择人而任势。

【译文】 所以善于调动敌人的将帅，会故意制造一些假象迷惑敌人，敌人便会受到其牵制；投其所好引诱敌人，敌人就会因自己的“所好”而犯错误。用小利去撬动敌人的欲望，用重兵设伏来收拾敌人。所以善于指挥作战的人，知道人性靠不住，便依靠势，而不依靠人性，所以求势不求人，造就有利态势最重要。

【启示】 《六韬》以太公钓鱼的故事作为开篇，说钓鱼和“钓人”是差不多的。太公曰：“钓有三权：禄等以权，死等以权，官等以权。夫钓以求得也，其情深，可以观大矣。”意思是说，“钓人”就靠这三种权术，第一种用厚禄来收买人；第二种用重金来收买勇士；三是用官职来招揽人。所以人性不可靠，孙子以此来强调势的重要性。《韩非子》也提过，要放弃人的争强好胜、自以为是；要依靠道、法、术、势。得势则不乱，不是绝对的不乱，而是熵减的过程，而是减缓了乱的速度，当你的熵减大于对方的熵减时，胜利的可能性便会增大。

总结：凡事都可从两个面去思考，“势”可以激发人性的发展；反之，“势”也可以减缓人性的发展。

以假乱真

姜太公钓鱼，愿者上钩。太公说，钓鱼和“钓人”差不多。

示形于敌，调动敌人——势

形之，敌必从之

故意制造假象暴露给敌人，让敌人信以为真，上当受骗。

予之，敌必取之

用饵兵引诱敌人，给予其利，使敌人因贪利而犯错误。

以利动之，以卒待之

用小利撬动敌人的欲望，诱而使之出动，重兵途中设埋伏，收拾掉敌人。

基于人性的弱点来制敌

故善战者，求之于势，不责于人，故能择人而任势。

人性靠不住，不能依靠人，所以求势不求人。

得势则不乱

得势则不怯

得势则不弱

25. 如转木石

曹操曰："用兵任势也。"

【原文】 任势者，其战人也，如转木石。木石之性，安则静，危则动，方则止，圆则行。故善战人之势，如转圆石于千仞之山者，势也。

【译文】 善于利用"势"的将帅，在指挥军队作战时，就如同滚动木头或石头一样，木头、石头的本性，放在平坦的地方就会静止不动，放在陡峭的斜坡上就会滚动，方形的不容易滚动，圆形的则容易滚动（暗指万物皆有其性，怎么用？该止时，不能放在斜坡上；该动时，不能放在平坦处，人性可随时调动，但"山势"不一定那么恰好，所以重点在"山势"）。所以善于指挥作战的人所造成的有利态势，如圆石从千丈的高山上滚下来一样。

【启示】 兵势篇开篇讲众寡的分配（众寡之用）与组合（分合之变），形为大体得失之数，势为临时进退之机。先形后势，形是累积的过程，势为出击的过程。注意，积累的过程如走路不能只低着头走，容易主观化；也不能只抬头走，容易分散精力。走路，低头下功夫，抬头盯目标、方向，路才能走好、走对。奇正相生，变化无穷，放在我们自己身上，正为固定思维，奇为奇思妙想，用奇来破正，破正且成长，奇被正吸纳成新的正，如此循环往复，生生不息。军形篇讲"若决积水于千仞之溪者，形也"，兵势篇讲"如转圆石于千仞之山者，势也"。前者重点在"积"，后者重点在"机"（山势）。至此，兵势篇结束。

总结：《孙子兵法》中以木石之性比作人性，以高山之势比作有利态势。任势，任自然之势，还是靠势不靠人。

如转木石

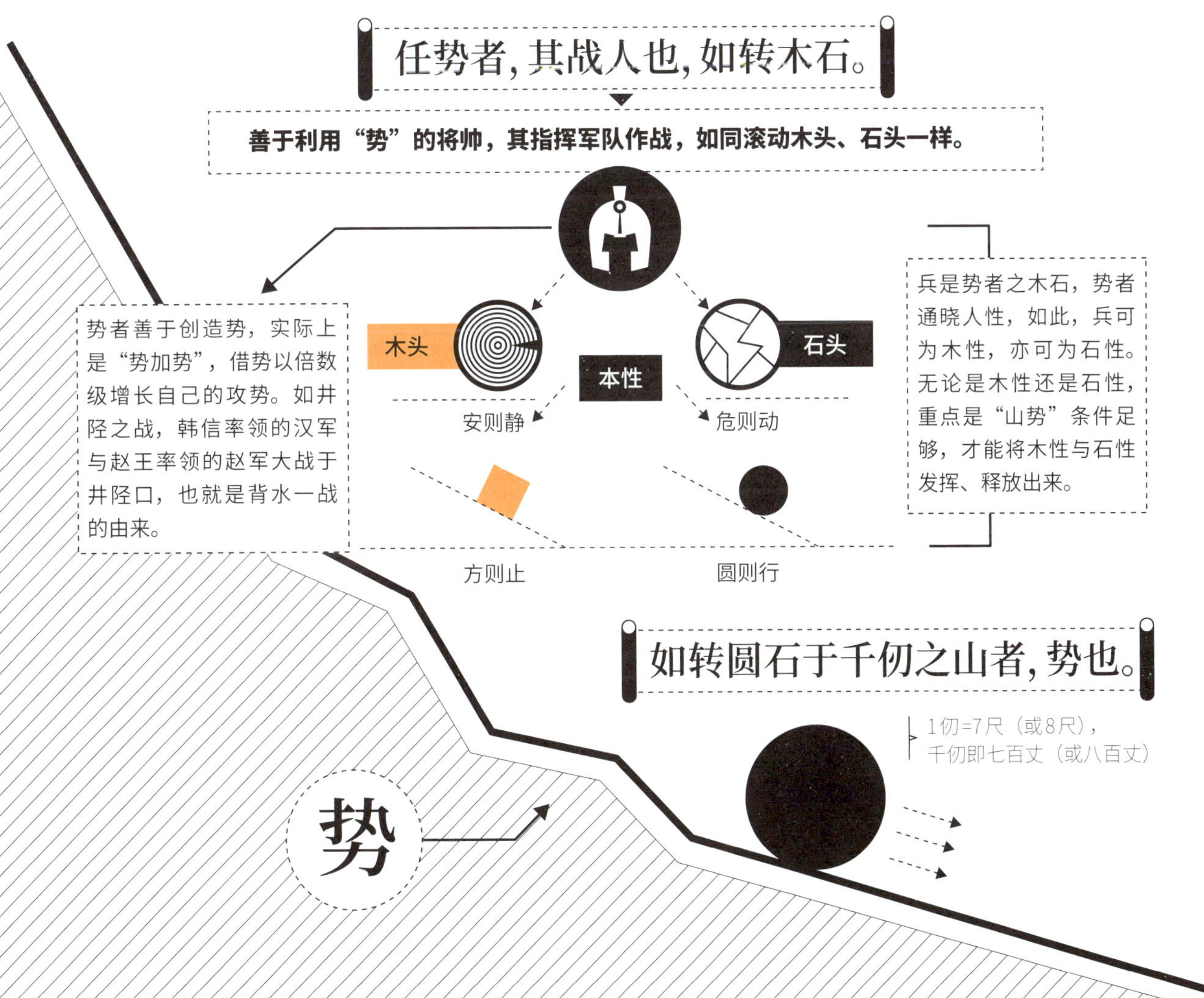
任势者，其战人也，如转木石。
善于利用“势”的将帅，其指挥军队作战，如同滚动木头、石头一样。
势者善于创造势，实际上是“势加势”，借势以倍数级增长自己的攻势。如井陉之战，韩信率领的汉军与赵王率领的赵军大战于井陉口，也就是背水一战的由来。
木头
石头
本性
安则静
危则动
方则止
圆则行
兵是势者之木石，势者通晓人性，如此，兵可为木性，亦可为石性。无论是木性还是石性，重点是“山势”条件足够，才能将木性与石性发挥、释放出来。
如转圆石于千仞之山者，势也。
1仞=7尺（或8尺），千仞即七百丈（或八百丈）
势

26. 致人而不致于人

曹操曰："能虚实彼己也。"

【原文】 孙子曰：凡先处战地而待敌者佚，后处战地而趋战者劳。故善战者，致人而不致于人。能使敌人自至者，利之也；能使敌人不得至者，害之也。故敌佚能劳之，饱能饥之，安能动之。

【译文】 孙子说：先到作战区域的一方，因时间充沛、准备充分，可以以逸待劳。后到作战区域奔走迎战的就会疲劳不及。所以善于指挥作战的人，能掌握主动权调动对方，而不受制于人。要让对方自己进到我方的作战区域，就需要用利好来引诱；要让对方不能到达或者晚到（目的在于让自己有主动权）预先计划的目标区域，这就需要制造一些阻碍来阻止对方。所以当对方精力充沛时，设法让其奔走疲劳；当对方粮草充足时，设法让其饥肠辘辘；当对方驻扎安稳、固守坚城时，设法让其移动起来。

【启示】 事有先后，博弈更是如此。占位即是争先，如"挟天子以令诸侯"是占位，通过歼灭对方的有生力量，使得对方的力量与位置不匹配，便是变被动为主动，使敌处于不利位置。再比如双方在博弈过程中，可以拉进第三方，由二变三，就会创造出坐收渔翁之利的位置，这是占位思想的延伸。通过引入一方，就产生了一个新的位置，去占据这个位置，可以获得这个位置的好处。

 **总结：占据主动权，就可以使自己处处先致，从而强者恒强。对方纵使有万般才能，也会疲于追赶。**

致人而不致于人

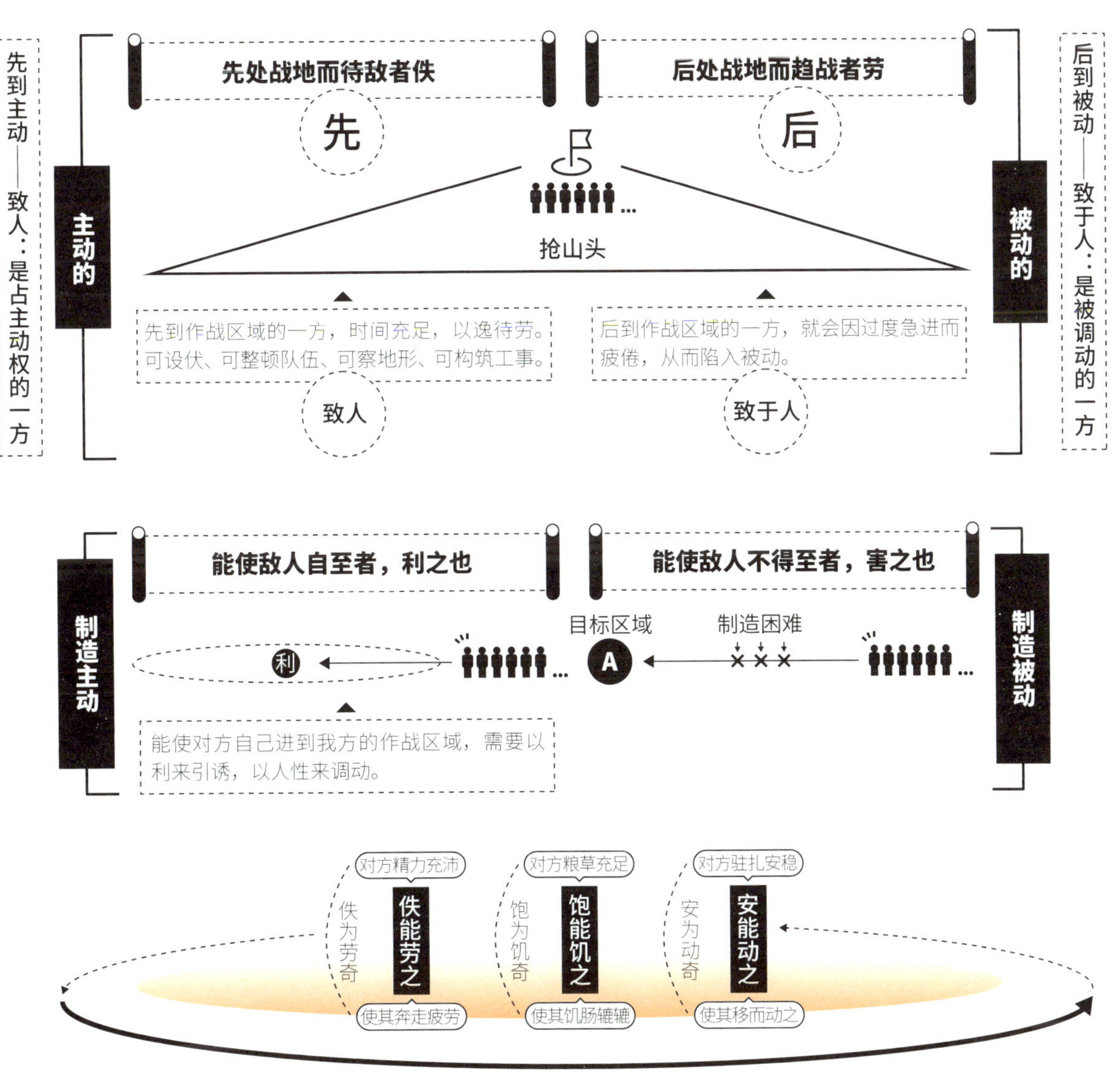

变被动为主动，逆转整个战场形势

27. 乘虚而入

曹操曰："能虚实彼己也。"

【原文】

出其所不趋，趋其所不意。行千里而不劳者，行于无人之地也。攻而必取者，攻其所不守也。守而必固者，守其所不攻也。

【译文】

向对方赶不及的地方进攻，向对方意料不到的地方急行。之所以能行千里而不觉疲劳（在于所选的路线本身出人意料），是因为行军是在没有敌人干扰、阻拦的情况下进行的。进攻一定能胜，在于所攻之处防备力量弱或没有防备；防守之所以稳固，在于所守之处是敌人不进攻的地方。

【启示】

启示一：计篇讲"出其不意，攻其无备"，这是我方的战略作战措施。然而，当对方也采取"出其不意，攻其无备"，又当如何呢？即"攻其所不守"的反面，我方应当"守其所不攻"。这里《孙子兵法》先引出我方的作战方式，后强调我方也应当注意。启示二：避实击虚，做事都要掌握一个原则，即先从容易处着手，然后步步紧逼，就会引起连锁反应。行军很重要，但往往被忽略掉，因为这是一个动态的过程，所以容易被忽视。启示三：行军是整个战略布局中的因果线，它将整个作战进度加以连接，并使其完整，最后形成势。这里的关键就在于行军，行军是战斗的一部分，上一篇我们解释过占位的重要性，占位先后就取决于行军的快与慢。

总结：军事家的作战原则之一是先打分散和孤立之敌，后打集中和强大之敌，即避实击虚。

乘虚而入

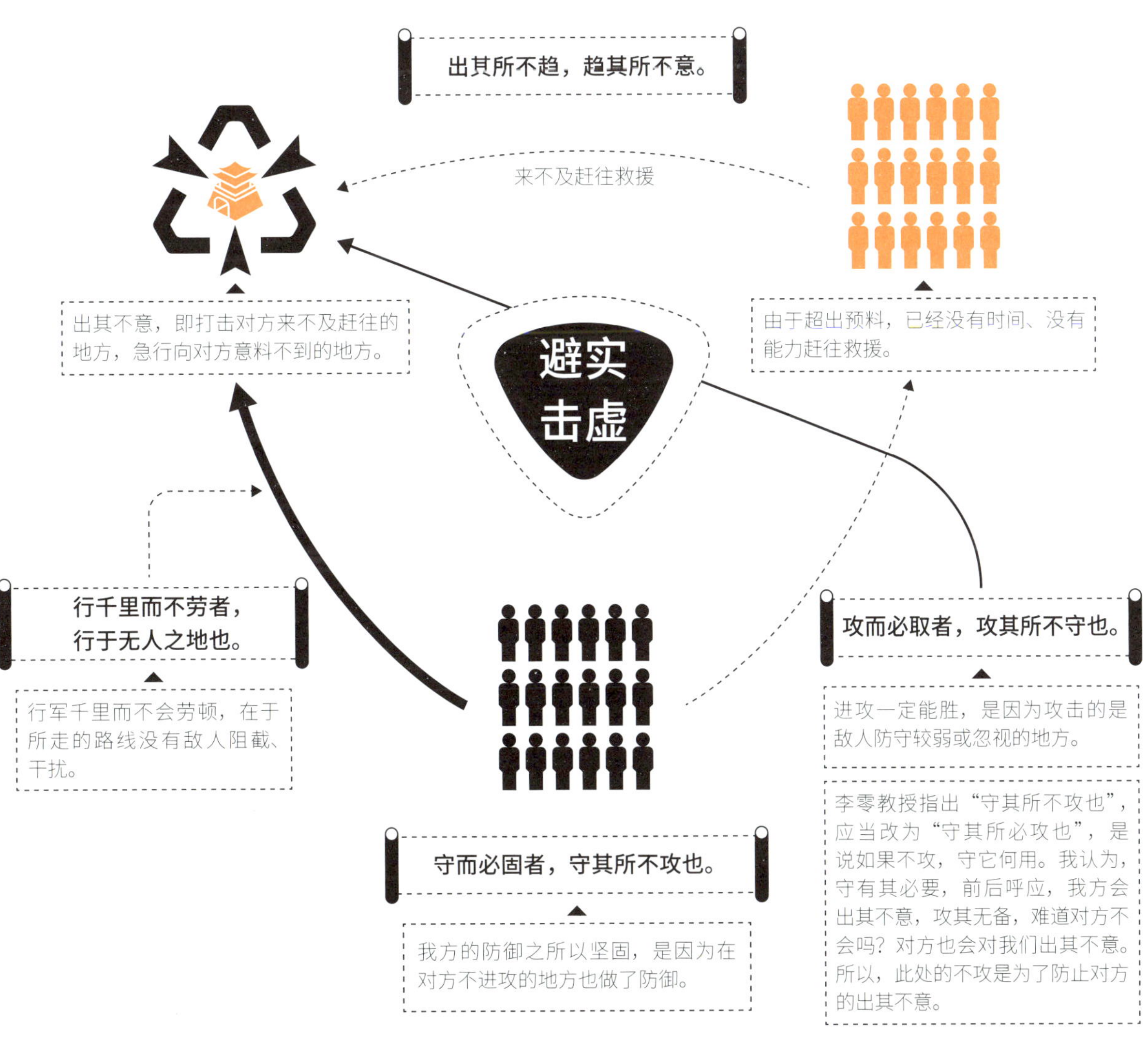
出其所不趋，趋其所不意。
来不及赶往救援
出其不意，即打击对方来不及赶往的地方，急行向对方意料不到的地方。
由于超出预料，已经没有时间、没有能力赶往救援。
避实击虚
行千里而不劳者，行于无人之地也。
行军千里而不会劳顿，在于所走的路线没有敌人阻截、干扰。
攻而必取者，攻其所不守也。
进攻一定能胜，是因为攻击的是敌人防守较弱或忽视的地方。
李零教授指出“守其所不攻也”，应当改为“守其所必攻也”，是说如果不攻，守它何用。我认为，守有其必要，前后呼应，我方会出其不意，攻其无备，难道对方不会吗？对方也会对我们出其不意。所以，此处的不攻是为了防止对方的出其不意。
守而必固者，守其所不攻也。
我方的防御之所以坚固，是因为在对方不进攻的地方也做了防御。

28. 无形无声

曹操曰："能虚实彼己也。"

【原文】

故善攻者，敌不知其所守；善守者，敌不知其所攻。微乎微乎，至于无形；神乎神乎，至于无声，故能为敌之司命。

【译文】

善于进攻的，对方不知道怎么去防守（对应上文所讲的"攻其所不守"）；善于防御的，对方不知道怎么进攻（对应上文所讲的"守其所不攻"）。这真是微妙到了极点，竟没有一点痕迹；真的很神奇，神奇到对方听不到任何声音，所以可以主宰对方的命运。

【启示】

善攻者，避实击虚。善攻者攻人不备，从攻方的角度看，对方是有漏洞的，是有弱点的，是预料之外的，这是一种虚，意指要攻打的地方。反过来，善守者以实备虚，即军形篇中所讲的"先为不可胜"，从攻方的角度看，守方没有漏洞，没有弱点，无从下手。这是因为守方"先为不可胜"了，先把自己的劣势、弱点通过主观能动性去有意识地规避了，此为实。另一种角度的虚是对守方来说的，攻方看不到的、无形无声的、无影无踪的，意指对方神出鬼没，那么攻方为虚，反过来守方则为实。虚与实不会独立存在，如形与势、奇与正。《唐太宗李卫公问对》中李靖认为，奇正是用来探虚实的。李零教授认为此说法不一定对，但奇正是虚实的基础没错。

总结：无声、无形并不神，神在"先为不可胜"，神在避实击虚、以实备虚，神在你发挥主观能动性。

无形无声

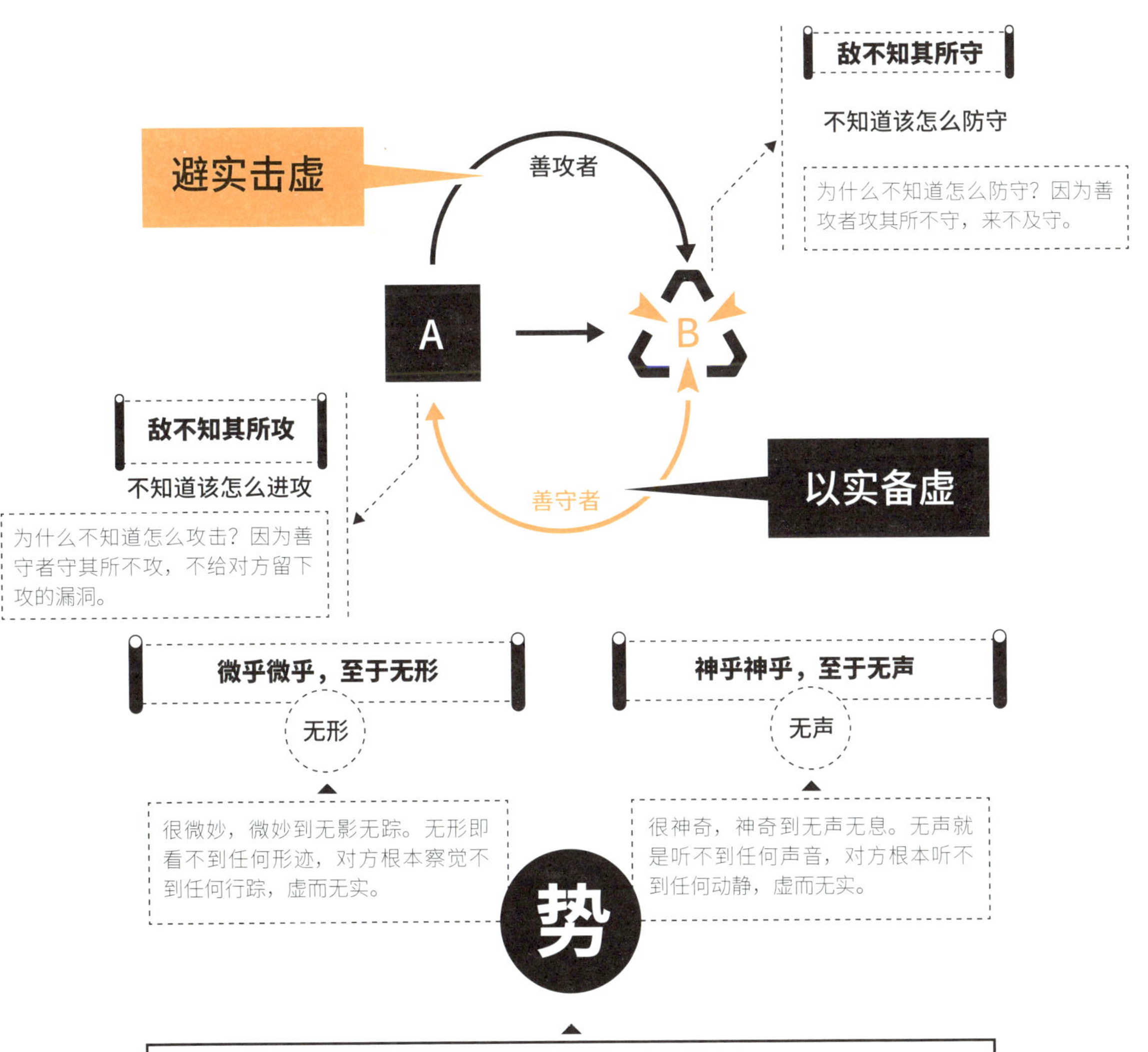

无形无声即为势，无形无声、深藏不露、神出鬼没，是躲在形的后面的存在。

29. 冲其虚也

曹操曰："能虚实彼己也。"

【原文】

进而不可御者，冲其虚也；退而不可追者，速而不可及也。故我欲战，敌虽高垒深沟，不得不与我战者，攻其所必救也；我不欲战，画地而守之，敌不得与我战者，乖其所之也。

【译文】

当我方进攻时，对方没办法防御，其防御系统崩溃的原因在于，我方攻击的是对方最薄弱（要害、软肋）的地方；当我方撤退时，对方没办法追，原因在于我方早已退至对方可追范围之外了。所以我方想打，对方即便是高垒深沟也不得不与我打，是因为我方打的是对方的软肋；反之我方不想打，即便是画地防守，对方也不敢来进攻，是因为我方设法改变了敌军的进攻方向。

【启示】

我想打你，就打你要害，一则你防不胜防，二则你不得不出来保护你的痛处；射人先射马，擒贼先擒王，这是博弈双方的一般规律。防不胜防在于我是避实击虚的，我了解你的痛处，我就击打你的痛处。当然一般来讲，所谓痛处，也分三六九等，打你小痛，你不在乎，我就继续打你中痛，直到大痛，此时你已经无力回天。这种作战状态，我想打，即便你防护好也得出来应战；我不想打，即便我方画地防守，你也没办法打。这表明我已经占据了整个战场的主动权，体现出“致人而不致于人”的重要性。

总结：我们每个人都有自己的“虚与实”，但是关键不在有没有“虚与实”，而在知不知“虚与实”。

冲其虚也

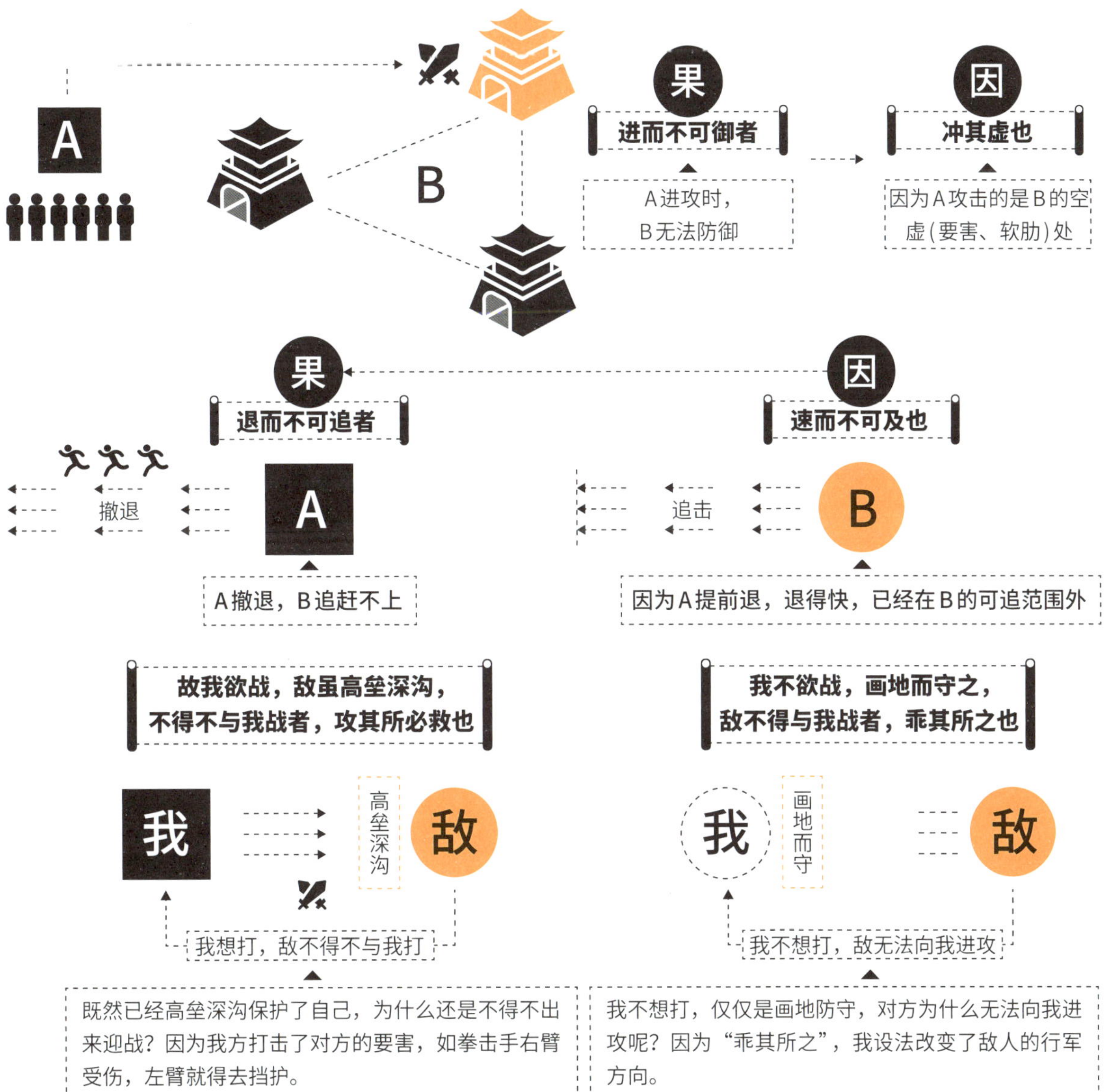

既然已经高垒深沟保护了自己，为什么还是不得不出来迎战？因为我方打击了对方的要害，如拳击手右臂受伤，左臂就得去挡护。

我不想打，仅仅是画地防守，对方为什么无法向我进攻呢？因为“乖其所之”，我设法改变了敌人的行军方向。

30. 形人而我无形

曹操曰："能虚实彼己也。"

【原文】 故形人而我无形，则我专而敌分。我专为一，敌分为十，是以十攻其一也，则我众而敌寡。能以众击寡者，则吾之所与战者，约矣。吾所与战之地不可知，不可知，则敌所备者多。敌所备者多，则吾所与战者，寡矣。

【译文】 通过各种手段使对方的情况暴露出来，而不让对方了解我方的情况（因为奇、正、虚、实变化无常，对方不知道你怎么攻，攻哪里），如此我方就可以集中兵力，而对方就不得不分散兵力。我方兵力集中于一处，而对方兵力不得不分散于十处，这就等于我们是用十倍于敌的兵力攻击对方。这样就形成我众敌寡的局势，自然有利于我们（谋攻篇讲过"十则围之"，十倍于敌，就可包围对方）。以多打少，与我方对战的对方实力就有限。我方要打哪儿，对方不知道，不知道就需要这儿也防备、那儿也防备，防备的地方多而散。对方防备的地方多，那么我方进攻处的敌人自然就少了。

【启示】 谋攻篇讲用兵之法在于"十则围之，五则攻之，倍则分之"，这种局势的基础还在于应对虚、实、奇、正。前面讲《唐太宗李卫公问对》中李靖认为，奇正是用来探虚实的，奇正是虚实的基础，有奇正的思维，才能探出虚实，即"形人而我无形"，用出虚实才能手握战争主动权。前面讲"致人而不致于人"，本文则讲"形人而我无形"，即形人而不形于人，使对方有形，而我无形。

 **总结：正可变奇、奇可变正，虚虚实实、真真假假，便使对方看不清你的目的、看不懂你的目的。**

形人而我无形

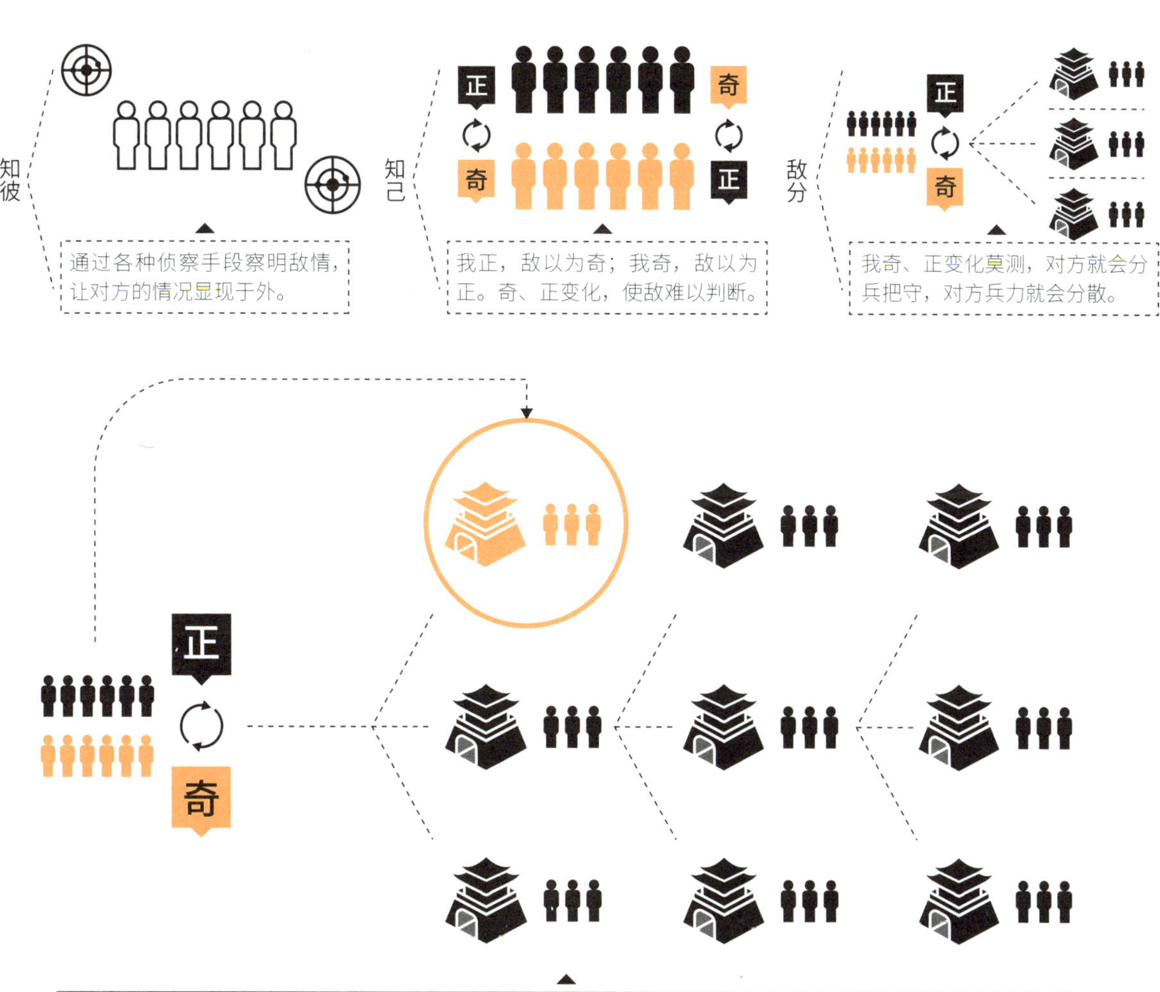
形人而我无形，则我专而敌分
知彼
通过各种侦察手段察明敌情，让对方的情况显现于外。
知己
正
奇
奇
正
我正，敌以为奇；我奇，敌以为正。奇、正变化，使敌难以判断。
敌分
正
奇
我奇、正变化莫测，对方就会分兵把守，对方兵力就会分散。
正
奇
我方集中兵力于“一”，对方则因我方奇、正、虚、实之变化而分守，便形成我众敌寡的局势。

31. 众寡之用

曹操曰："能虚实彼己也。"

【原文】 故备前则后寡，备后则前寡，备左则右寡，备右则左寡，无所不备，则无所不寡。寡者，备人者也；众者，使人备己者也。

【译文】 所以防备前方，后方兵力就会薄弱；防备后方，前方兵力就会薄弱；防备左方，右方兵力就会薄弱；防备右方，左方兵力就会薄弱。各方都防备，那么各方兵力都会很薄弱。寡者——兵力薄弱的一方，是因为被动地防备对方；众者——兵力强大的一方，是让对方不得不防备我方。

【启示】 接上文的奇正、虚实用到"形人而我无形"，对方就兼顾不过来了，曹操曰"形藏敌疑，则分离其众以备我也"，对方的整个系统将会被我方的"虚实之刀"切碎，从而疲于应付，无所不备，处处都陷入被动。很多哲学家、思想家的思想理论也都体现了这种思维，笛卡尔的一种思维就是将问题为分解若干部分，如切豆腐块一样切成小块，再逐一解决。因此重点还在于创造有利于自己的前提条件，无奇正、无虚实，就打不出"切块分离"的仗。

总结：先机的重要性在本文得以体现，一旦失了先机，就不得不尝天下"苦"胆。

众寡之用

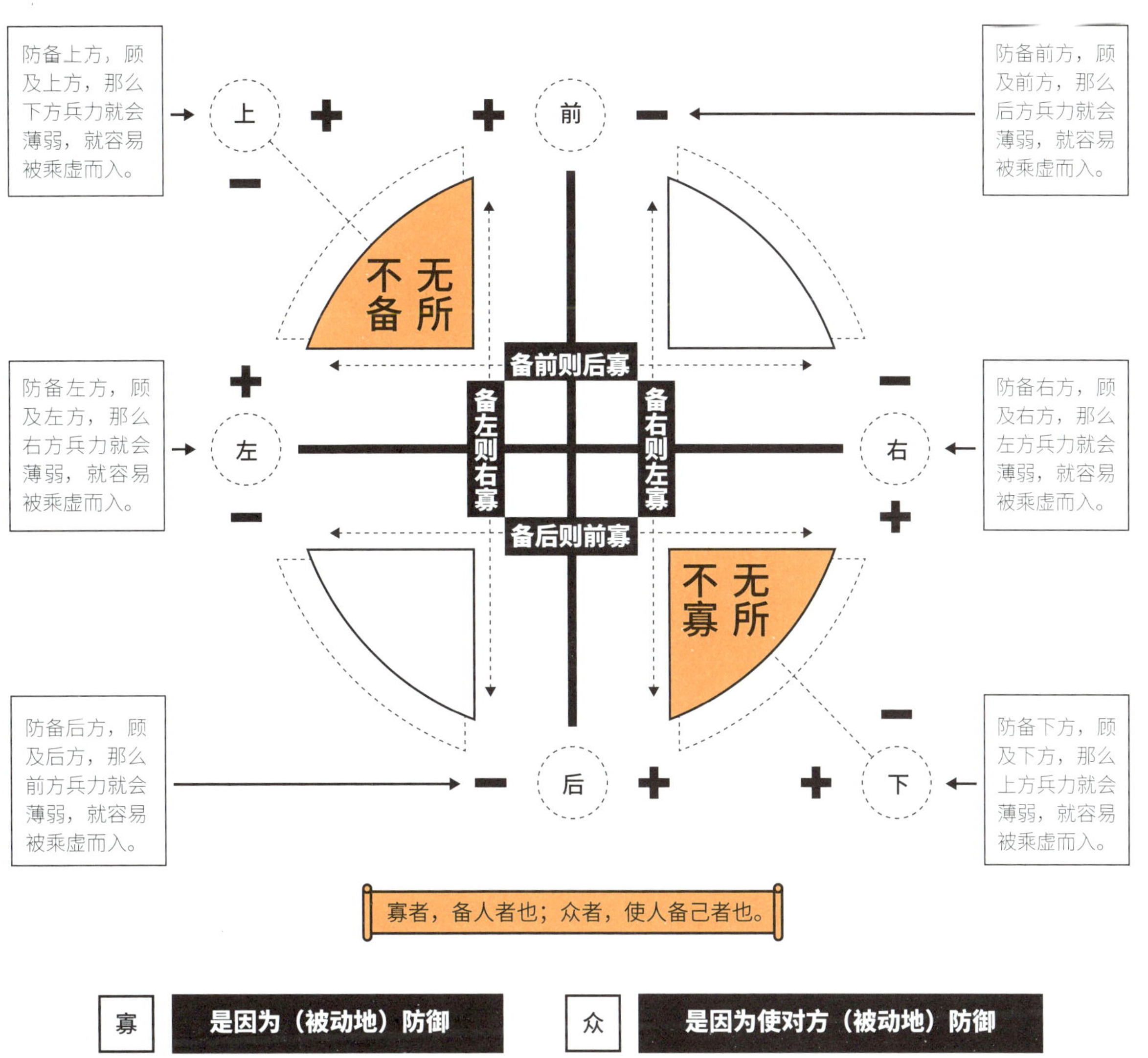

寡　是因为（被动地）防御

众　是因为使对方（被动地）防御

32. 知天知地

曹操曰："能虚实彼己也。"

【原文】

故知战之地，知战之日，则可千里而会战；不知战地，不知战日，则左不能救右，右不能救左，前不能救后，后不能救前，而况远者数十里，近者数里乎？以吾度之，越人之兵虽多，亦奚益于胜败哉？

【译文】

如果能预料交战的地点、时间，不远千里也会赶来作战；如果不能预料交战的地点、时间，一旦交战，左右翼、前后方都不能相互支援救助，更何况远的有数十里，近的也有好几里远呢。因此综上推测分析，尽管越国兵多，也无碍于兵少者取胜。

【启示】

本文讲天时地利的可预见性，是"致人而不致于人"的前提条件，有此预见便可得个先机，占个位。虚实篇自开头以奇正为基础，探虚实，以奇正、虚实来致人而不致于人；以奇正、虚实打出乘虚而入、无形无声；以奇正、虚实冲其虚也，并形人而我无形；以奇正、虚实打出众寡之用，切块分离。奇正、虚实是致人而不致于人的前提，是乘虚而入、无形无声的前提，是冲其虚也，形人而我无形的前提，是众寡之用的前提。然而奇正、虚实的前提条件则是知彼知己，是"知人"。本文所讲的"知战之地""知战之日"，即知天知地，是后篇地形篇中的"知胜"的前提。地形篇中说："故曰：知彼知己，胜乃不殆；知天知地，胜乃可全。"

总结：了解敌人、了解自己，战争就有胜算了；了解天时、了解地利，胜利就有了完全的保障。

知天知地

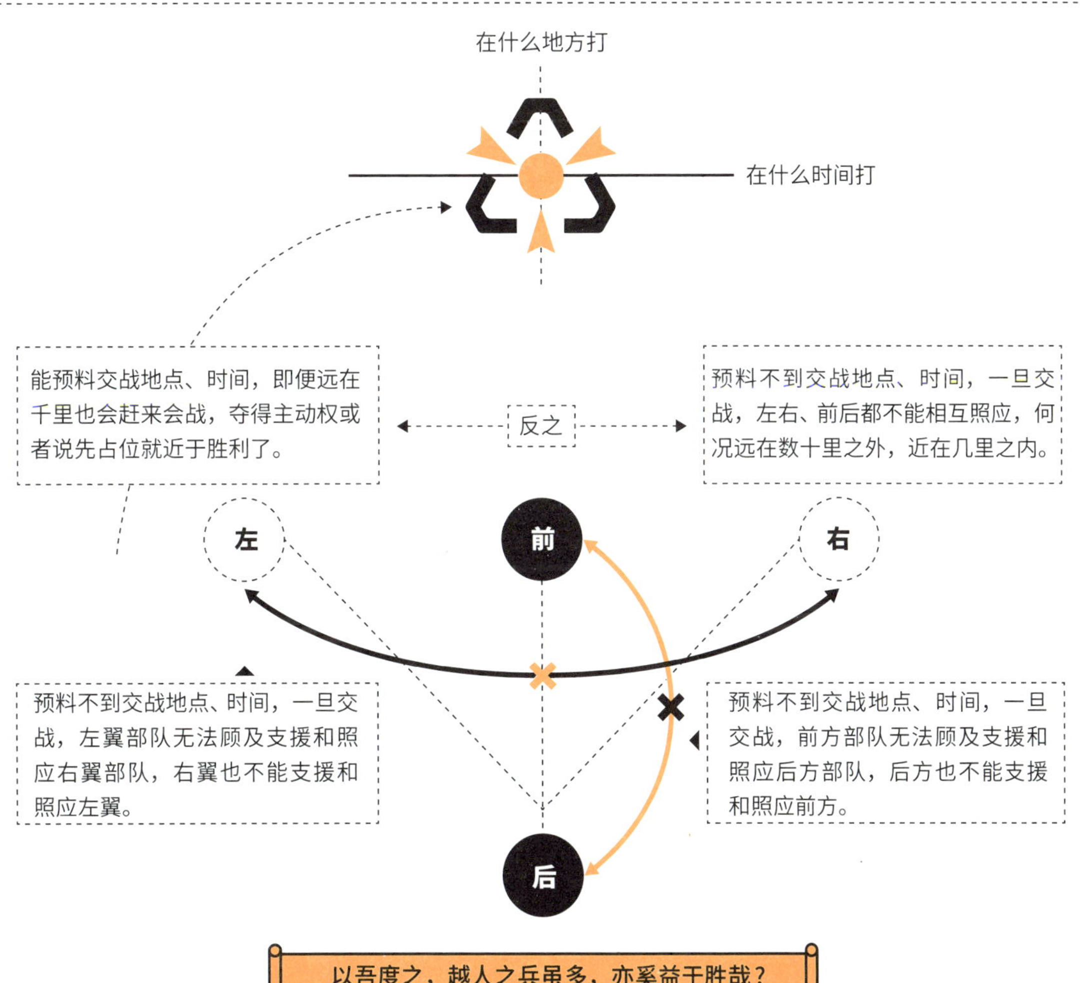

以吾度之，越人之兵虽多，亦奚益于胜哉？

综上分析，越国兵虽然很多，但未必能获得胜利。意思是人多不一定胜。

33. 胜可为也

曹操曰："能虚实彼己也。"

【原文】

故曰：胜可为也，敌虽众，可使无斗。故策之而知得失之计，作之而知动静之理，形之而知死生之地，角之而知有余不足之处。

【译文】

所以说，胜利是可以通过人为运作而取得的，敌军虽多，但可以通过谋划让他们失去战斗力，无法作战。所以要估计筹算一下，以此来分析得失的利弊情况；侦察敌军，来了解对方的动静规律；明察对方军队的部署情况，来了解哪里易于进攻，哪里不利（地形优劣对比）；通过小范围的实战，真实的较量来了解对方哪里的兵力部署有余，哪里的兵力部署不足。

【启示】

军形篇中讲"胜可知，而不可为"，是通过敌我双方主客观条件来判断，我方占据优势，就有了胜利的可能性。在此基础上，以虚实去人为制造胜，即"致人而不致于人"，通过"形人而我无形"，使敌"无所不备""无所不寡"，前后、左右、上下都被我方切块分离，自顾不暇，使"胜"得以在人为的、正确的领导与指挥中得以实现。"胜可知"是前提条件，有了这个前提条件才会"胜可为"。胜不可知或者我主观地认为"可胜"，主观地认为对方的实力就是不如我，认为对方一定会失败，这些都不利于实现胜。所以，没有前提自我的反思过程、自我的校正过程，所打出的"虚实"再好也不会胜。

总结：古代先贤所留下的智慧，不能只读个热闹，更重要的是看明白其中的"理"，而非看个"表"。

胜可为也

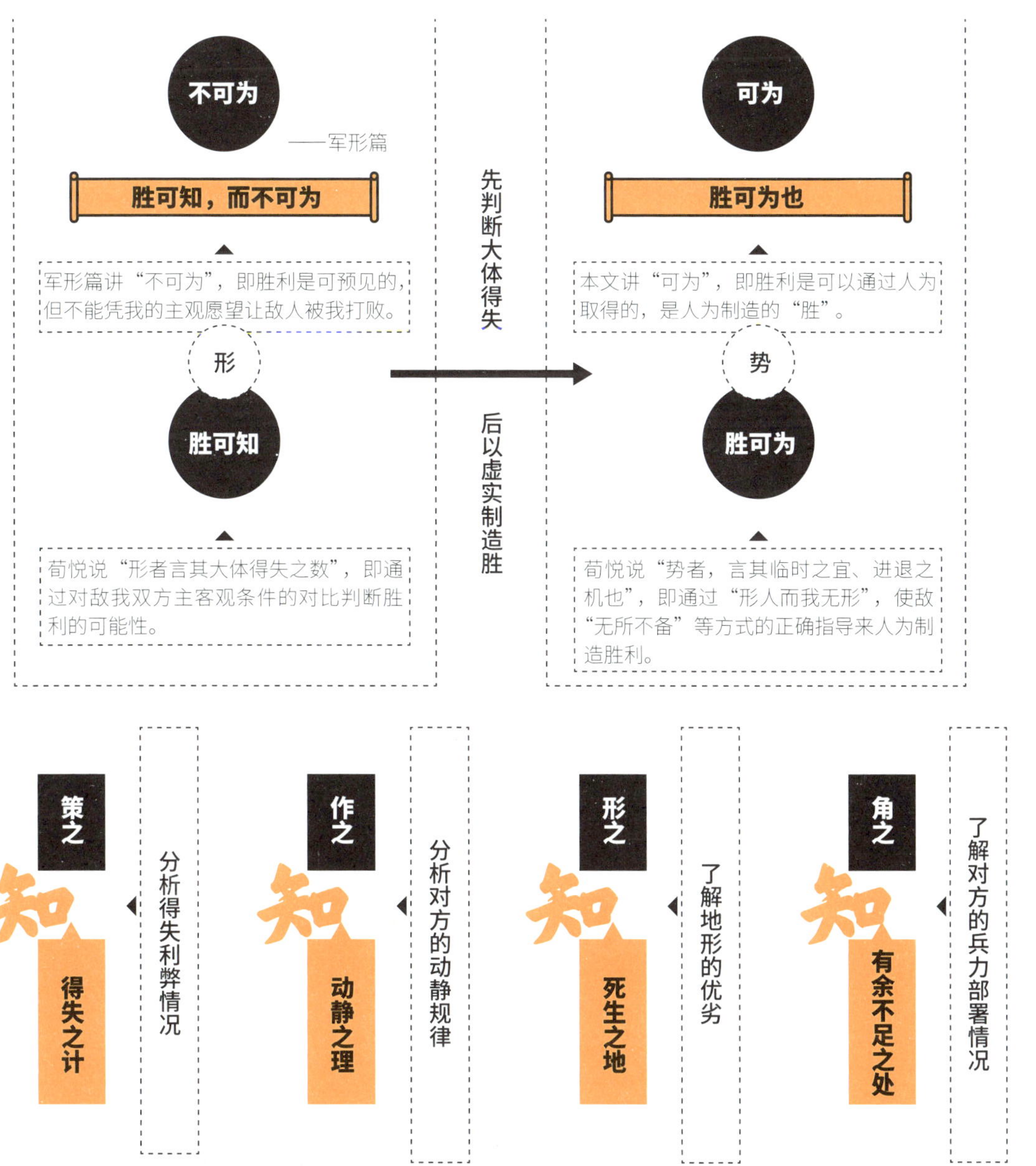
不可为
——军形篇
胜可知，而不可为
军形篇讲“不可为”，即胜利是可预见的，但不能凭我的主观愿望让敌人被我打败。
形
胜可知
荀悦说“形者言其大体得失之数”，即通过对敌我双方主客观条件的对比判断胜利的可能性。
先判断大体得失
后以虚实制造胜
可为
胜可为也
本文讲“可为”，即胜利是可以通过人为取得的，是人为制造的“胜”。
势
胜可为
荀悦说“势者，言其临时之宜、进退之机也”，即通过“形人而我无形”，使敌“无所不备”等方式的正确指导来人为制造胜利。
策之
知
得失之计
分析得失利弊情况
作之
知
动静之理
分析对方的动静规律
形之
知
死生之地
了解地形的优劣
角之
知
有余不足之处
了解对方的兵力部署情况

34. 形兵之极

曹操曰:“能虚实彼己也。”

【原文】 故形兵之极，至于无形。无形，则深间不能窥，智者不能谋。因形而错胜于众，众不能知；人皆知我所以胜之形，而莫知吾所以制胜之形。故其战胜不复，而应形于无穷。

【译文】 所以最巧妙的用兵，就是无形可睹、无迹可寻的状态。无迹可寻，即便是潜伏再深的间谍也窥察不到底细，再足智多谋的对手也想不出对付我们的办法。根据敌情变化，我方也跟着变化策略而取胜，众人不了解是怎么取胜的；人们只知道胜利了，却不知我们是怎么随变化而变化，不知用了什么计谋而取胜的。所以每次作战取胜，都不是因为重复使用老办法，而是因不同的情况做出无穷的变化而取胜的。

【启示】 “应形于无穷”——无形无状、变化无穷，这讲起来比较抽象，具体讲就是“无招胜有招”。无招胜有招就是对方看不出你用的什么招式，也就是说高手是不会拘泥于某个门派、某种招式的，所有招式都是会随着博弈局势的变化而随机调整的。此处讲的“形兵之极”就是习武的最高境界，也是虚实的最高境界。我们思考问题也是一样，你能否能看到自己的固有思维，看到才能跳出来根据情况、局势调整自己的固有思维，这是同一个道理。

总结：无形在于你能看到自己的有形，这也是取胜的一个前提条件。

形兵之极

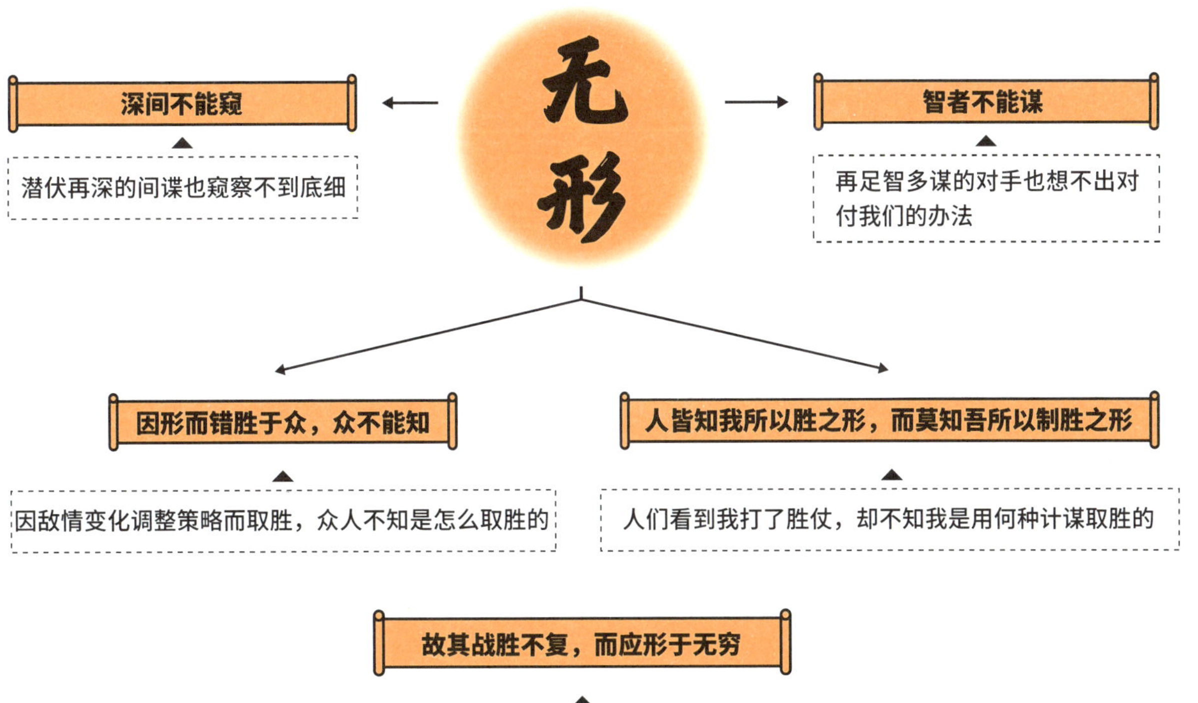
故形兵之极，至于无形
用兵的方式千变万化，最巧妙的是无形可睹、无迹可求，使对方无法看出我方的运动规律
无形
深间不能窥
潜伏再深的间谍也窥察不到底细
智者不能谋
再足智多谋的对手也想不出对付我们的办法
因形而错胜于众，众不能知
因敌情变化调整策略而取胜，众人不知是怎么取胜的
人皆知我所以胜之形，而莫知吾所以制胜之形
人们看到我打了胜仗，却不知我是用何种计谋取胜的
故其战胜不复，而应形于无穷
所以取胜之法随形势而变化万千、无穷无尽

形
形的背后是看不见的势
势

35. 因敌制胜

曹操曰："能虚实彼己也。"

【原文】 夫兵形象水，水之形，避高而趋下；兵之形，避实而击虚。水因地而制流，兵因敌而制胜。故兵无常势，水无常形。能因敌变化而取胜者，谓之神。

【译文】 以水借喻，说作战打仗像流水一样，水的流动规律是从高处向低处奔流，作战打仗的规律就是避开对方坚实的地方，而攻击其虚弱的地方。水因为地形的变化而改变自己流动的方向，作战就是根据对方作战方针的变化而调整我方的攻略，以至取得胜利。所以作战没有固定的打法，就如同水没有固定的流动态势一样。然而能根据敌情随机应变而取胜的，谓之用兵如神。

【启示】 前面讲形，以形引出因敌制胜（势）。用兵如神在于"势"，也可以理解为用兵如神是对方成就了我方，是对方的变化而引起我方调整变化，是双方互相作用的成果。李零教授在《兵以诈立》里面讲，一切都要靠"双方的合作"，你的一切胜利都要感谢你的敌人。军事论著《论持久战》就是因敌制胜的实践，提出了一整套抗日战争制胜之道。在当时人们对战争前途充满迷茫的艰难时刻，这一思想犹如黑夜中的灯塔，为全体抗战军民指明了方向。当然用兵如神，前提在于"知彼知己"，这是因敌的基础，更是制胜的决定性因素。

总结：了解对方才能避开其优势，击打其劣势；了解自己才能客观不固执，才能随其变化而变化。

因敌制胜

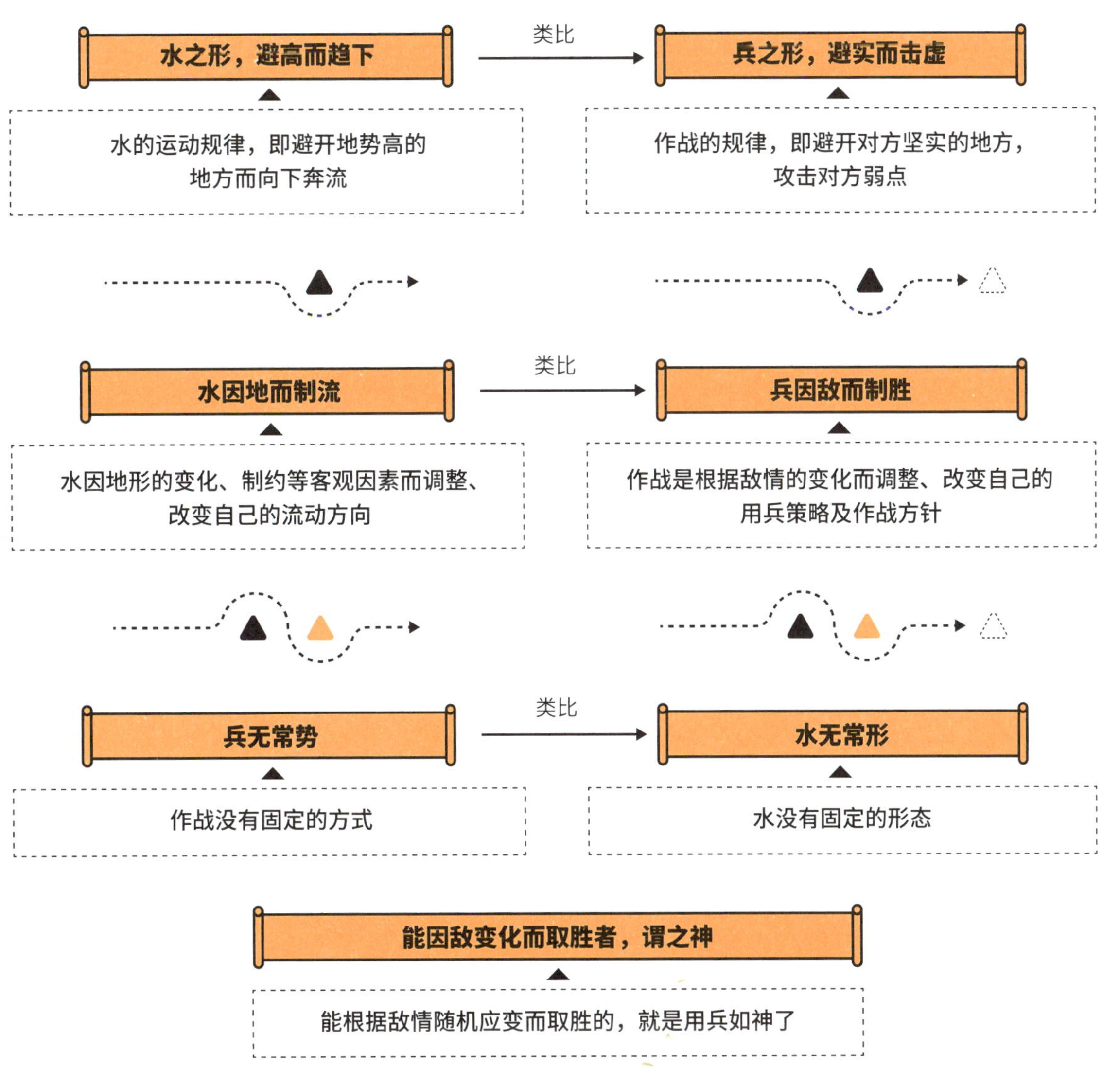
水之形，避高而趋下
类比
兵之形，避实而击虚
水的运动规律，即避开地势高的地方而向下奔流
作战的规律，即避开对方坚实的地方，攻击对方弱点
水因地而制流
类比
兵因敌而制胜
水因地形的变化、制约等客观因素而调整、改变自己的流动方向
作战是根据敌情的变化而调整、改变自己的用兵策略及作战方针
兵无常势
类比
水无常形
作战没有固定的方式
水没有固定的形态
能因敌变化而取胜者，谓之神
能根据敌情随机应变而取胜的，就是用兵如神了

36. 虚实无常

曹操曰："能虚实彼己也。"

【原文】 故五行无常胜，四时无常位，日有短长，月有死生。

【译文】 所以说，用兵作战就像五行（金、木、水、火、土，因相生相克，一物降一物）一样，没有哪一个元素是固定起到制约其他元素的作用的，也像四时（四季，春、夏、秋、冬，因四季更迭、循环往复、生生不息）一样，没有哪个季节是一直固定不移的。白天有长有短，月亮有圆有缺，一直都在变化。

【启示】 虚实篇是军形篇与兵势篇的延续，以奇正和虚实来延伸说明形势。你会发现，形势似是两者，实为一者。奇离不开正，正同样离不开奇，没有奇，那就是硬扛，自古硬扛者多败也；没有正就不长久，立而不稳。两者边界模糊，虚虚实实，你中有我，我中有你。苏东坡说："横看成岭侧成峰，远近高低各不同。"横看是奇，侧看是正（或反过来），视角不同而已。这如《易经》中的"阴阳"说。我国古代有的思想家以阴阳、五行等来解释这个世界的源头。阴阳是动态的、千变万化的，五行是相生相克的，四季是循环往复、生生不息的。阴制约不了阳，阳也制约不了阴；五行、四季等同样如此。世间万物均在不断变化，形势、奇正、虚实如此，你我看待问题也当如此。

总结：四维比三维多了时间，假设此为真，当你的思维增加时间维度时，你看到的问题将不再静止。

虚实无常

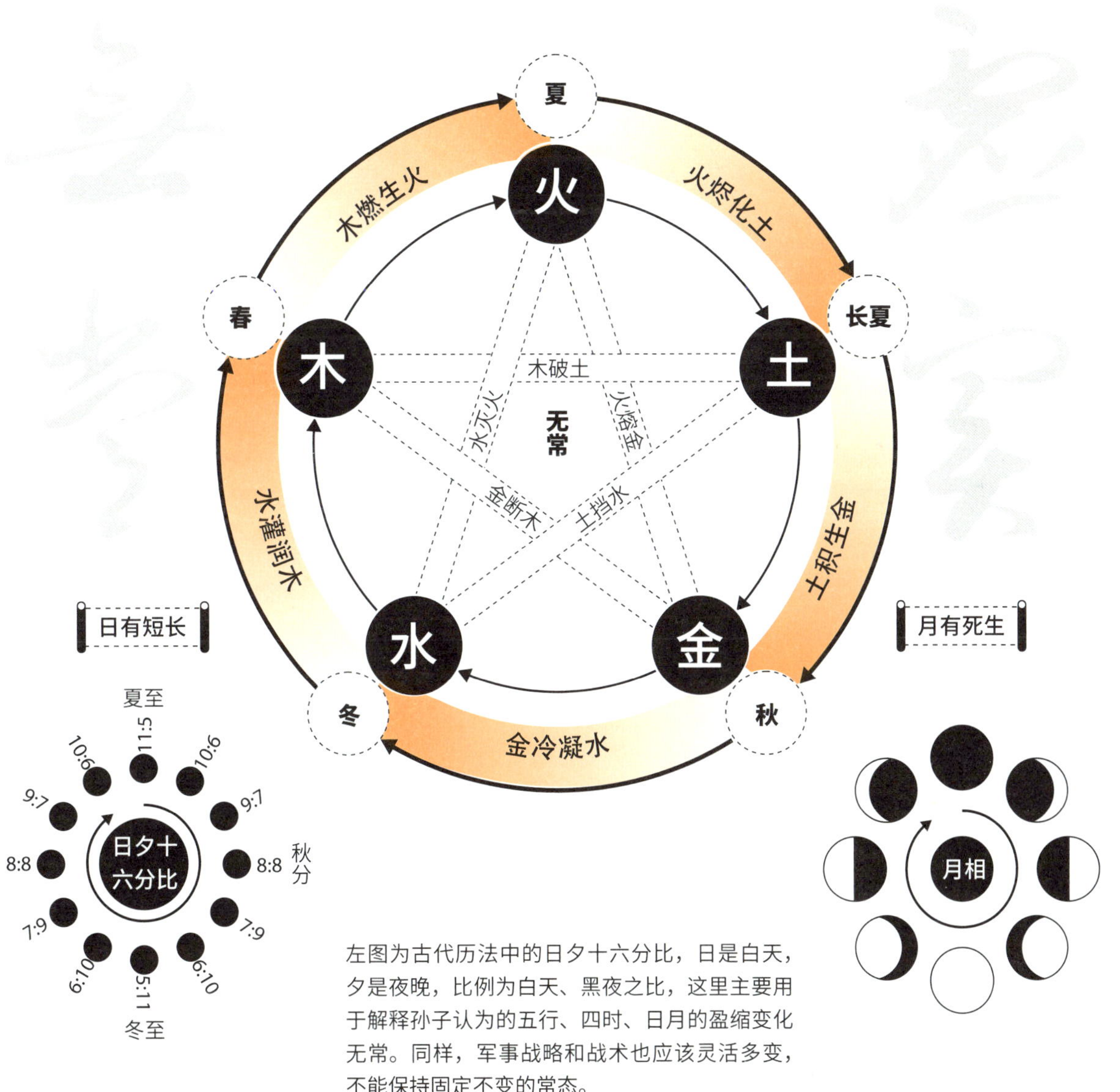

左图为古代历法中的日夕十六分比，日是白天，夕是夜晚，比例为白天、黑夜之比，这里主要用于解释孙子认为的五行、四时、日月的盈缩变化无常。同样，军事战略和战术也应该灵活多变，不能保持固定不变的常态。

37. 以迂为直

曹操曰："两军争胜。"

【原文】

孙子曰：凡用兵之法，将受命于君，合军聚众，交和而舍，莫难于军争。军争之难者，以迂为直，以患为利。故迂其途而诱之以利，后人发，先人至，此知迂直之计者也。

【译文】

孙子说：用兵的规律是君主派将军出征，主将就要动员百姓，编制军队，一直到与对方对垒，这个过程中军争（两军争夺会战的先机之利）是最难的事情。争夺先机之利之所以最难，原因一是要把物理层面的远路变为争先机层面的近路，把不利的条件变为有利的。所以迂回绕路，以小利诱导、牵制对方，就会比对方后行动而先到达，这就是真正懂得了"以迂为直"的道理的人了。

【启示】

1812年拿破仑发动侵俄战争，《战争论》作者克劳塞维茨参加过这场战争，当时拿破仑军为了抢占先机，不带帐篷，快速挺进，虽有了速度，但忽略了俄国的环境因素，进入严寒冬季，士兵饿死的饿死，冻死的冻死，减员损耗很大。生活、工作中，"以迂为直""以患为利"这两种思维非常重要，我们做事往往是先找捷径，这是人性问题。在挫折、困难面前，你的优势往往也会变成你的弱点，反之你的弱点也会成为你的优势。

总结：鱼与熊掌不能兼得，你需要做的就是客观地结合自身条件，去做合适的、折中的选项。

以迂为直

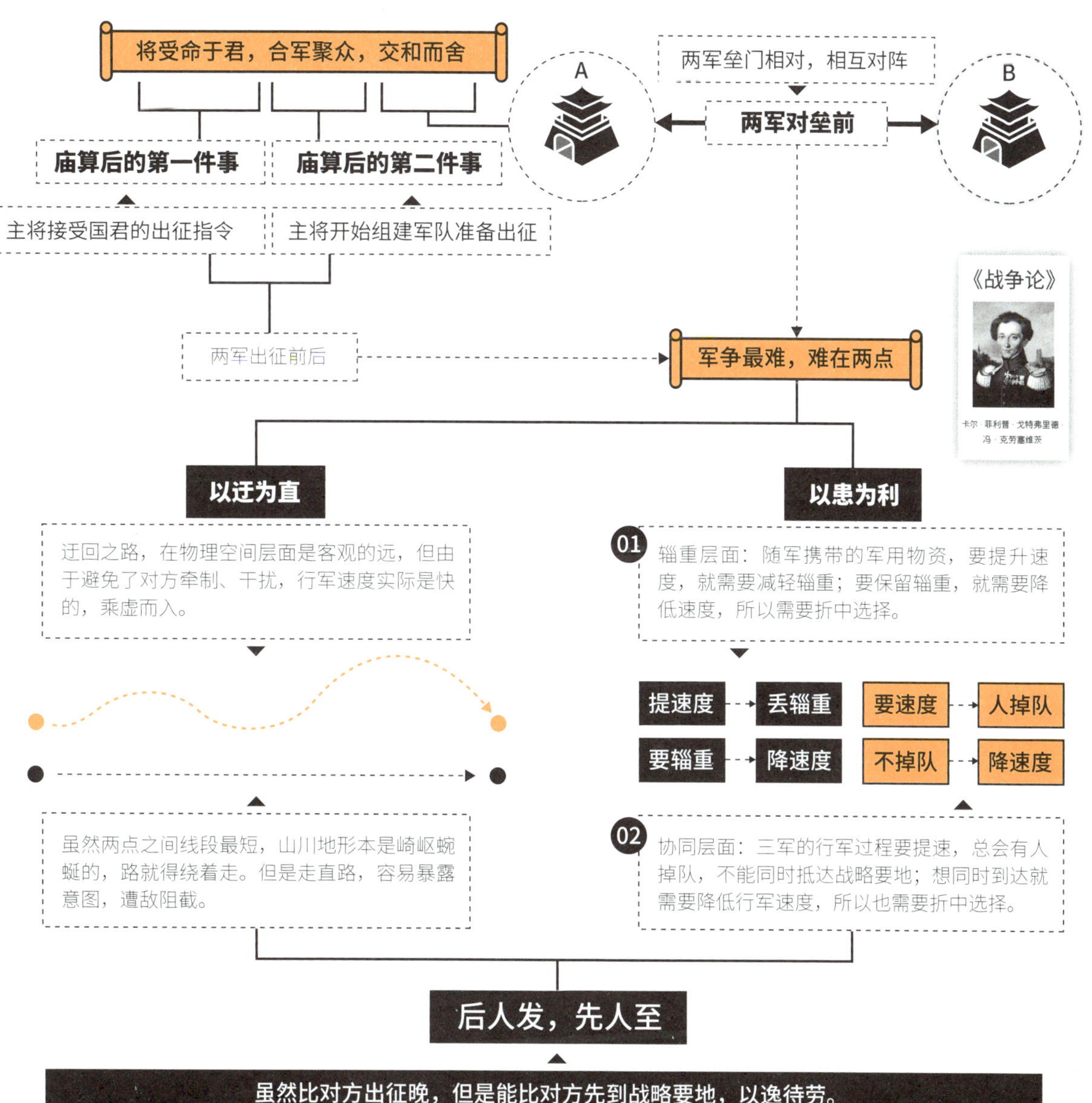

后人发，先人至

虽然比对方出征晚，但是能比对方先到战略要地，以逸待劳。
军争之难便在争两军先机之利（包括时间、地点）。

38. 以患为利

曹操曰："两军争胜。"

【原文】

故军争为利，军争为危。举军而争利，则不及；委军而争利，则辎重捐。是故卷甲而趋，日夜不处，倍道兼行，百里而争利，则擒三将军，劲者先，疲者后，其法十一而至；五十里而争利，则蹶上将军，其法半至；三十里而争利，则三分之二至。是故军无辎重则亡，无粮食则亡，无委积则亡。

【译文】

争取先机有利有弊。若全军携带辎重去争，会由于行军迟缓而不能及时抵达战略要地；如果不携带辎重去争，那么吃喝、弹药就有风险。因此卷起盔甲，轻装急行，昼夜不停地赶路，但行百里，会有全军覆没的风险，因为强壮的先到，疲弱的会掉队，结果仅十分之一的人马到达；急速奔走五十里去争，先头部队容易被挫，也仅能有半数人马到达；急速奔走三十里去争，可能三分之二的人马到达。可见，军队没有辎重就会失败，没有粮食供应就不能生存，没有足够的物资储备就无法坚持作战。

【启示】

以患为利，两军争利，有利就有弊。军争，争速度，但辎重会降低速度，若求有速度，但没吃没喝没装备，这仗就没法打；争辎重，有吃有喝、有弹药，但速度跟不上，这仗也没法打。迂与直矛盾，患与利矛盾，患与利又分成速度与辎重的矛盾、速度与团队协同的矛盾。矛盾、利弊的选择不能主观，《孙子兵法》也没有给出答案告诉你该怎么选，但给出了原则方面的要求。要客观选，你得衡量自身能力，带多了会重，带少了会饿肚子，因此要协调好辎重配比、团队内部的强弱配比。以迂为直、以患为利是从损失的角度、不利的角度去思考，依据自身条件，折中利弊，选择最佳方案。

 总结：生活、工作中，凡事皆一体两面，做决策时不要只考虑直和利，也要兼顾迂和患。

以患为利

军争的一体两面，两种视角

利 危

军争有有利的一面，也有有害的一面

01 以患为利——辎重层面

举军而争利，则不及

委军而争利，则辎重捐

B

利在冻不着也饿不着

危在不能及时争得先机

全军携带辎重去争利，则不能及时抵达战略要地

A

利在不会贻误战机

危在没有辎重影响吃穿

粮 甲

丢弃辎重而去争利，则没吃喝、没武器弹药没法打

02 以患为利——协同层面

卷甲而趋，日夜不处，倍道兼行

01 百里而争利，则擒三将军，劲者先，疲者后，其法十一而至

日行百里，容易全军覆没，壮者先到，疲者掉队，只有十分之一的人能赶到，最糟。

02 五十里而争利，则蹶上将军，其法半至

日行五十里，先头部队容易被灭，只有二分之一的人能赶到，二分之一的人会掉队。

03 三十里而争利，则三分之二至

日行三十里，三分之二的人能赶到，三分之一的人会掉队。三军只有两军到，也不理想。

是故军无辎重则亡，无粮食则亡，无委积则亡

39. 迂直之计

曹操曰："两军争胜。"

【原文】

故不知诸侯之谋者，不能豫交；不知山林、险阻、沮泽之形者，不能行军；不用乡导者，不能得地利。故兵以诈立，以利动，以分合为变者也。故其疾如风，其徐如林，侵掠如火，不动如山，难知如阴，动如雷震。掠乡分众，廓地分利，悬权而动。先知迂直之计者胜，此军争之法也。

【译文】

不了解各国的政治预谋，就没办法提前做好外交工作；不了解山川丛林、悬崖峭壁、盐碱沼泽等地形，就没办法行军；不懂得用向导（当地人、引路人），就没办法借用地形之利。所以用兵作战就是用这些诡诈的方法去隐藏自己的战略意图，并根据有利的条件去行动，行动就要靠兵力分散和集中的变化。所以军队的行动需要加速时就要如疾风，需要减速就要如森林一样宁静齐整；攻击时如熊熊烈火，不攻时要稳若泰山；隐藏自己如阴云后的星辰不容易被看到，出击时如迅雷不及掩耳。要掠夺敌人的作战物资并将其民众分散，然后使之为我所用，扩张地域之后便分兵死守以确保不被抢走，要权衡利害得失然后伺机而动。以上为争先机之利的基本原则、基本规律。

【启示】

迂直之计，以迂为直，想要打好仗就需要具备全局观，从三个大方面考察，一则知彼，即了解对方；二则知天地，即把握天时地利（此文没讲天，只讲地，后地形篇会讲到）；三则知己，了解自己的优劣势，要借势，借他人智慧。单打独斗，走进迷糊阵，注定失败。考察完三方面，具体执行就能机动、灵活、快速、多变了。

 总结：横向维度知彼知己，纵向维度知天知地，可以作为我们"以迂为直"的参考标准。

迂直之计

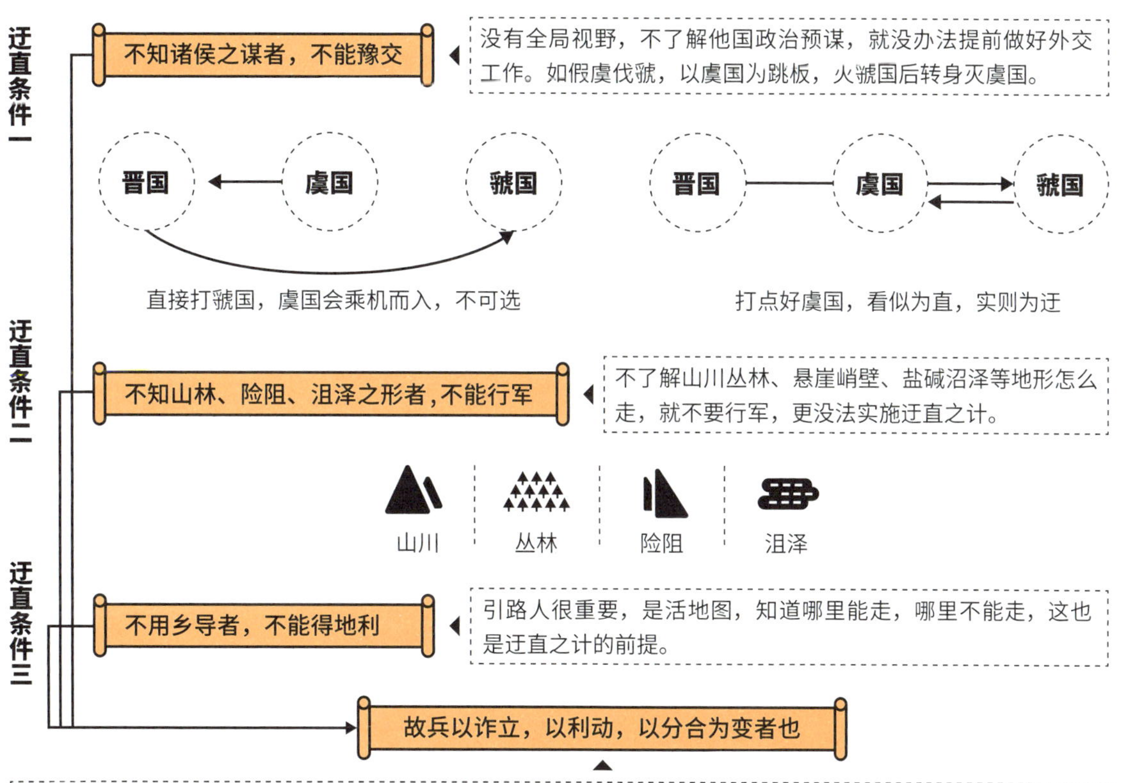

以上三个条件，可以帮助我方用诡诈（非道义上的“欺骗”之意，而是多变的用兵之法）的方法隐蔽自己的战略意图，以谋为本的胜敌之术。在合适的条件下依据胜利的原则而动，动为变的开始，变就要靠兵力分配，靠兵力的分分合合。

先知迂直之计者胜，此军争之法也

争先机之利的基本原则——以迂为直的迂直之计

40. 关键沟通

曹操曰："两军争胜。"

【原文】

《军政》曰："言不相闻，故为金鼓；视不相见，故为旌旗。"夫金鼓旌旗者，所以一人之耳目也。人既专一，则勇者不得独进，怯者不得独退，此用众之法也。故夜战多火鼓，昼战多旌旗，所以变人之耳目也。

【译文】

兵书《军政》中说："战场上用言语传达信息，士兵是听不见的，所以设置金鼓（击鼓而进，鸣金而退）来传达号令；战场上行为信息传达也会受阻碍，所以设置旌旗来传达号令。"金鼓、旌旗是用来统一号令军人的。军队号令一致，勇敢的就不能单独冒进，怯懦的也不能单独退却，这就是指挥大部队作战的方法。所以夜间作战主要是用火光和鼓声来传达信息号令，白天作战则主要用旌旗来传达信息号令，这是为了适应人们的视觉、听觉而变化转换的。

【启示】

兵势篇讲"分数"，分配好编制问题，组合成军队，就可以"治众如治寡"。有了军队需要"形名"来指挥作战，并且要实现"斗众如斗寡"，就需要把指挥系统搭建好，把号令的可传达性做到最优化。实际生活与工作中，信息传达也很重要，沟通的效率取决于我们对"分数""形名"的合理运用。沟通效率高，工作中成功的概率就会提高。可以理解为，当我们团队的沟通效率足够高，那么以迂为直的效率就会更高，那么争得先机的概率也会随之而提高。

总结：本言引兵势篇中的"形名"来接以患为利中的协同配合，协同配合需要高效的"沟通语言"。

关键沟通

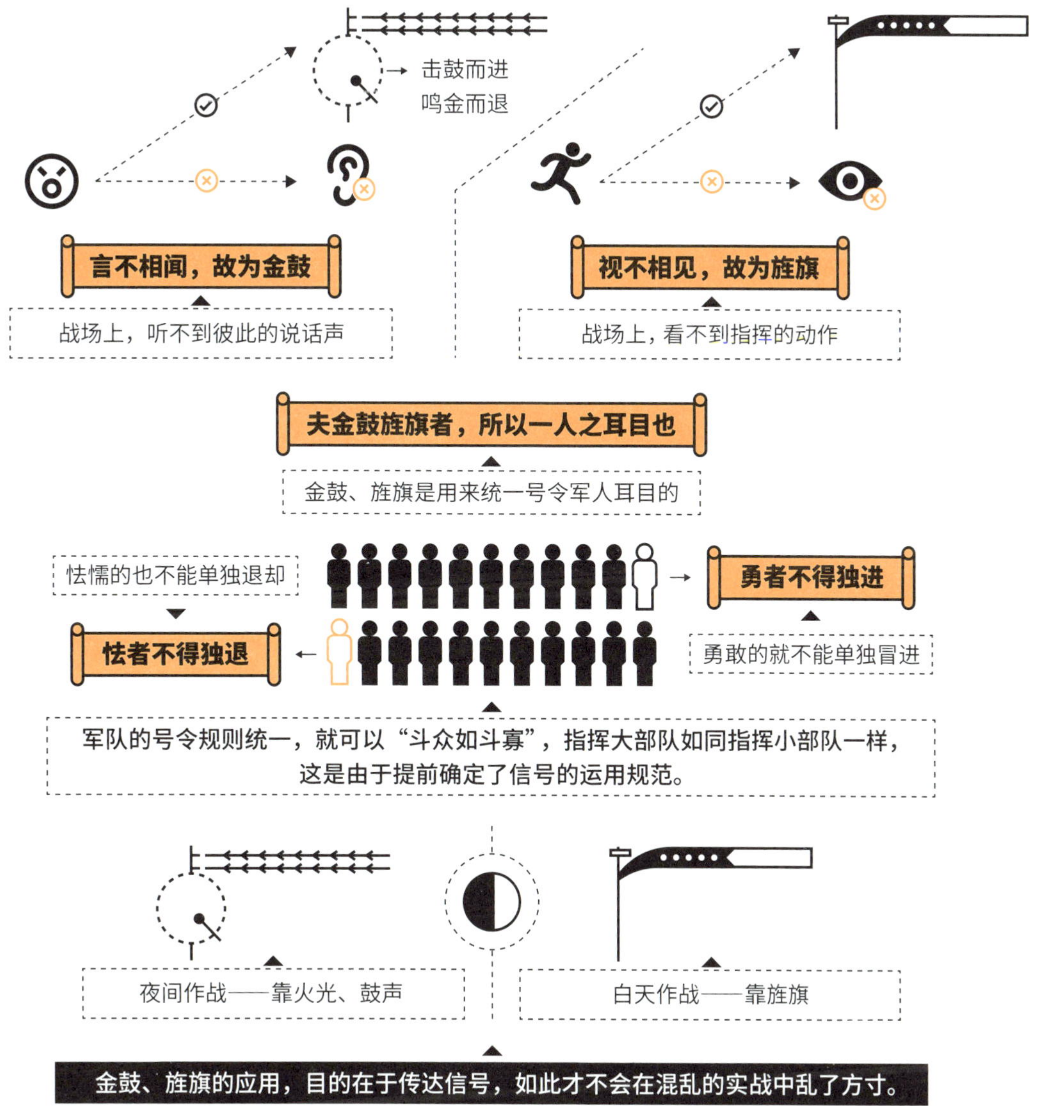

金鼓、旌旗的应用，目的在于传达信号，如此才不会在混乱的实战中乱了方寸。

41. 治兵四要

曹操曰："两军争胜。"

【原文】 故三军可夺气，将军可夺心。是故朝气锐，昼气惰，暮气归。故善用兵者，避其锐气，击其惰归，此治气者也。以治待乱，以静待哗，此治心者也。以近待远，以佚待劳，以饱待饥，此治力者也。无邀正正之旗，勿击堂堂之阵，此治变者也。

【译文】 三军士气可以被打击或被夺走；将领的心志，也可能被搅乱或被打垮。初战时的士气最锐利饱满，过了一段时间士气便开始懈怠，到了战争后期，几乎都疲累思归了。所以善于用兵的人，会避开对方初战时的锐气，待其疲惫思归时击打，这是掌握了军队士气的用法。用治理有序的队伍应对混乱无序的队伍，用镇定自如的队伍应对喧闹浮躁的队伍，这是掌握了将领心理的方法。抢先占领战略要地，以逸待劳应对远道而来疲惫、饥饿的队伍，这是掌握了战斗力的方法。不去攻打旗帜整齐、阵容强大的队伍，这是掌握了因敌制胜、随机应变的方法。

【启示】 治兵有四要：治气、治心、治力、治变。《左传 · 庄公七年》的《曹刿论战》中有这样一段情节："公与之乘，战于长勺。公将鼓之。刿曰：'未可。'齐人三鼓。刿曰：'可矣。'齐师败绩。公将驰之。刿曰：'未可。'下视其辙，登轼而望之，曰：'可矣。'遂逐齐师。"大概意思是说曹刿待齐国击鼓三次之后，才击鼓进军，即一鼓作气，再而衰，三而竭，最后击败齐国，此为治气之术。治心是打心理战，治力是打迂直之计，治变是因敌制胜（机动变化）的基本原则。

总结：治的目的是扭转不治所产生的不利，生活中如果不想被动收拾烂摊子，那就主动去治。

治兵四要

避其锐气，击其惰归

气

掌握军队士气之法

士气很重要，对你、对我、对任何人都很重要。所以避开对方的锐气，待对方松懈疲惫时，再去攻打。

早上锐气最盛，所以要避开对方的锐气，这里比喻要避开初战时的锐气。

以治待乱，以静待哗

掌握将领心理之法

心

用治理有序、严整的队伍应对治理无序、混乱无纪的队伍，用稳如泰山的队伍应对喧哗、浮躁的队伍。

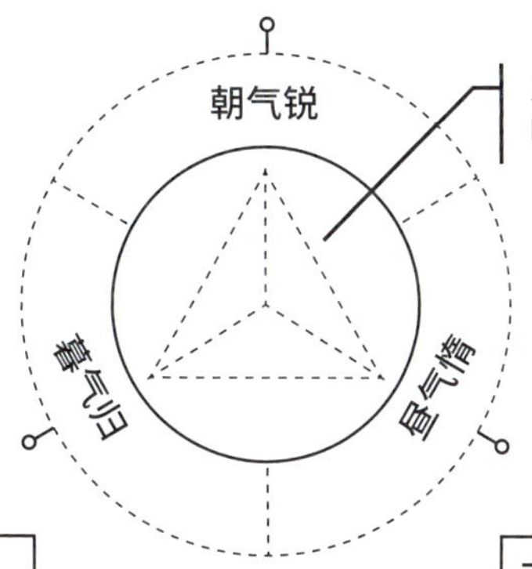

此处用一天中三个不同时间段来比喻士气由高到低的三种作战状态。

夜晚是暮气，暮气生归，这里比喻出战的时间久，士气疲惫衰竭，就会思归了。

中午是昼气，昼气生惰，这里用来比喻出战后一段时间，士气就会变得松懒。

抢先占领战略要地，以逸待劳，调整准备，以等待远道而来的、疲惫至极的、饥肠辘辘的敌方队伍。

力

掌握军队战力之法

以近待远，以佚待劳，以饱待饥

不去攻打旗帜整齐的军队，不去攻打阵容整齐的军队，因为这样的军队往往实力强大、早有预备。

掌握机动变化之法

变

无邀正正之旗，勿击堂堂之阵

42. 禁忌八条

曹操曰：“两军争胜。”

【原文】

故用兵之法，高陵勿向，背丘勿逆，佯北勿从，锐卒勿攻，饵兵勿食，归师勿遏，围师必阙，穷寇勿迫。此用兵之法也。

【译文】

所以用兵的基本法则是：如果对方占领了高地，切勿去仰攻（上攻下顺势，下攻上逆势）；如果对方背靠山丘屏障，切勿正面攻击；如果对方军队佯装败退，切勿去跟踪追击；如果遇到对方的精锐部队、主力部队，切勿主动攻击对方，否则就必然如以卵击石；如果发现敌人的诱兵，骗你追他，那么我方切勿上钩；对方准备撤退，切勿去拦截攻击；对方若被包围了，我方一定要留下出口，以免激起敌人激烈的反抗；当对方军队陷入绝境，走投无路了，不要过分逼迫，否则会增强他们的士气。这就是用兵的基本法则。

【启示】

本篇讲“军争”，争时间、争位置、争形、争势，这是取得胜利的必要条件，具体动作是“以迂为直”，对国情、对自身能力、对天时地利要有把握，从而选择最优路线。所有军争，争到最后，就是看哪一方的路线走得妙，走得巧。面对面战斗是结果，路线走对了是前提。路线错了，即便队伍再强大，也难免会败给早有准备的一方。生活、工作中，最好的方法往往是你不屑一顾的、最笨的、最不起眼的方法，因为没有人会承认自己是个笨蛋，所以总会想方设法去寻找所谓“更好”“更短”“更优”的路径。然而，事实是你只需要耐住饥饿、耐住孤独、耐住劳累疲顿，哪些事该做（要领），哪些事坚决不能做（禁忌），清楚后去做好你应该做的。至此，本篇结束。

总结：曾国藩说：“天下之至拙，能胜天下之至巧。”争有其利，不争也有其利，切不可故步自封。

禁忌八条

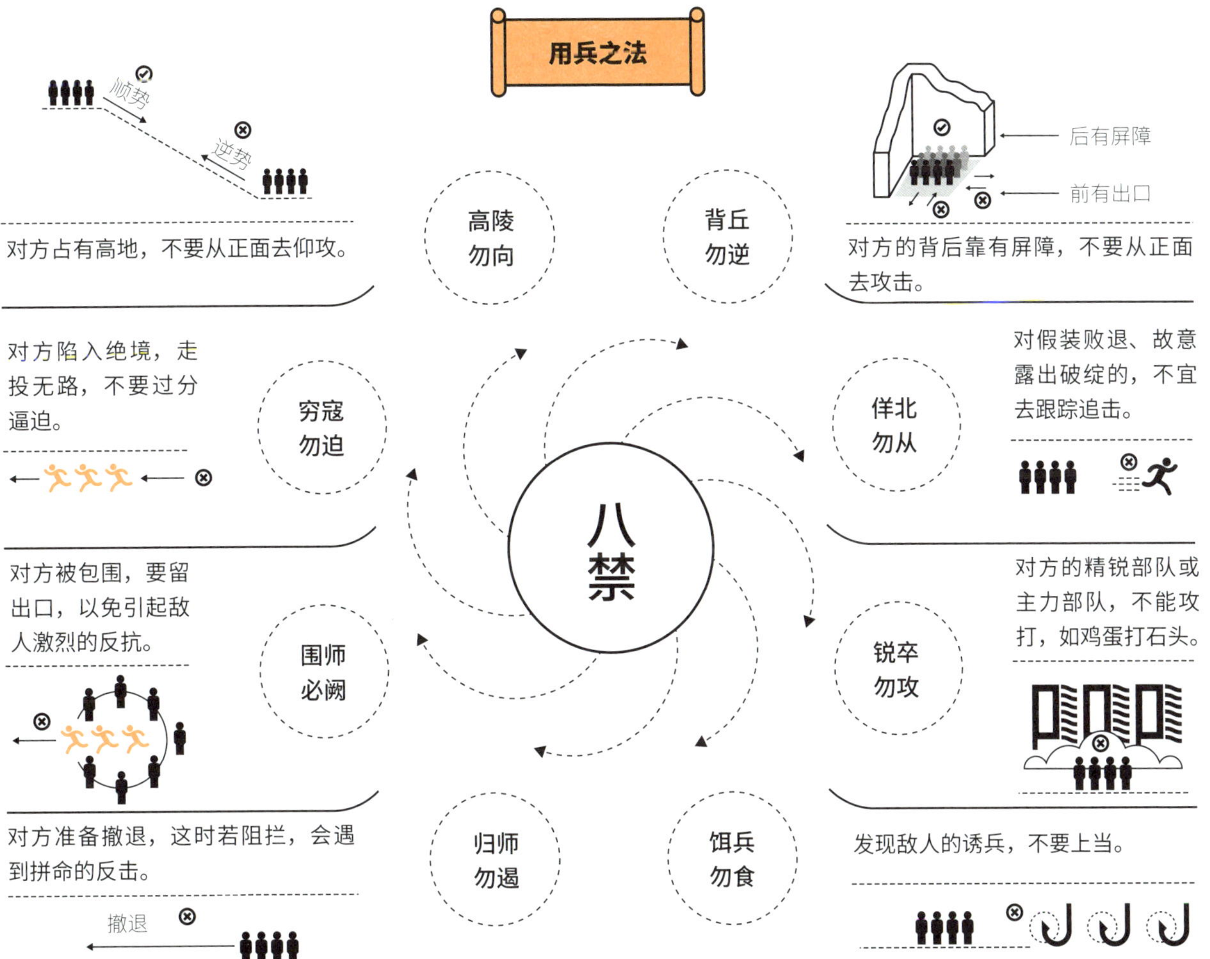
用兵之法
八禁
顺势
逆势
对方占有高地，不要从正面去仰攻。
高陵
勿向
背丘
勿逆
后有屏障
前有出口
对方的背后靠有屏障，不要从正面去攻击。
对方陷入绝境，走投无路，不要过分逼迫。
穷寇
勿迫
佯北
勿从
对假装败退、故意露出破绽的，不宜去跟踪追击。
对方被包围，要留出口，以免引起敌人激烈的反抗。
围师
必阙
锐卒
勿攻
对方的精锐部队或主力部队，不能攻打，如鸡蛋打石头。
对方准备撤退，这时若阻拦，会遇到拼命的反击。
撤退
归师
勿遏
饵兵
勿食
发现敌人的诱兵，不要上当。

43. 变化无穷

曹操曰："变其正，得其所用九也。"

【原文】 孙子曰：凡用兵之法，将受命于君，合军聚众，圮地无舍，衢地交合，绝地无留，围地则谋，死地则战。涂有所不由，军有所不击，城有所不攻，地有所不争，君命有所不受。

【译文】 孙子说：用兵的法则，多是主将在接受国君的命令之后，开始编制并动员队伍出征，其中有五种情形值得注意，"圮地"（行动、住宿不便之地）不能宿营扎寨；"衢地"（交通便利之地）结交盟军、盟友；"绝地"（饮水、饮食等条件差之地）不能停留；"围地"（容易被敌人包围之地）要计划筹谋好，小心谨慎；陷入"死地"（面对大规模敌军又无路可逃之地）要绝处逢生，奋战到底。作战时一定要记住，有些道路是不可以走的，有些敌军千万不能攻击，有些城池不可以占领，有些地域千万不要争夺，即使是君主的命令，有时也可以不接受。

【启示】 就学术而言，各方言论都可一看，或可带给你不同灵感。就我们普通老百姓而言，生活、工作中，必然有处在"圮地"的阶段，处处荆棘坎坷、难于行走的路，你都得迈过去；在"衢地"可以帮助我们找到可靠的合作伙伴；陷入"绝地"，弹尽粮绝，你也得咬牙前行；处在"围地"你得清醒，做事要用头脑；陷入"死地"你得拼命。后面五个"有所不"，是告诫人们不要贪图一时的"占便宜"。此文告诫人们，用兵要根据情况有所为有所不为。

总结：不同的场合，适合做什么，不适合做什么，什么适合做但不能做，什么不适合做但能做，得拎清。

变化无穷

凡用兵之法，将受命于君，合军聚众

圮地无舍

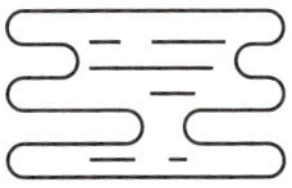

山林、险阻、沼泽难行的区域，行军到此，不宜宿营扎寨。

衢地交合

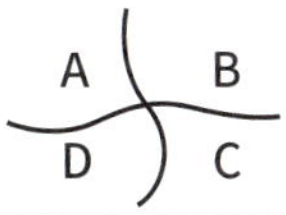

交通便利之地，可以结交各方诸侯。

A B D C

绝地无留

没有水源，粮草匮乏，人饿马瘦，不宜停留。

死地则战

面对大规模敌军，同时又没有逃跑路线的地方，要奋战到底。

围地则谋

易被包围之地，狭隘之地，敌人少数兵力可致我方进退两难，要谨慎谋划。

九变篇自曹操争论不止，前五后五共十句话，为什么是“九变”，而不是“十变”？《十一家注孙子》中也分为两派，一派为“九变”说，即去掉“君命有所不受”；一派五变五利说，即上五地为五变，后“有所不”为五利，说法各异。不知认为《孙子兵法》讲变并非强调具体数量的变化，前面讲奇正相生，“声不过五，五声之变，不可胜听也；色不过五，五色之变，不可胜观也；味不过五，五味之变，不可胜尝也。”变化无穷，所以何必争“变”之具体数字，九变即多变，更何况战场情况多变，地形多变，同一地形就会产生多种不同的结果。

涂有所不由

预防暴露自己或遭对方埋伏，好走的路也不能走。

军有所不击

通观全局，若对全局不利，有些敌人就不能打。

城有所不攻

有些城占了没用或占了也不好防御，就不去攻。

地有所不争

有些战略要地占了用处不大，就可以不争。

君命有所不受

若君王的命令与前线实际情况不符，可不受命。

44. 随机应变

曹操曰："变其正，得其所用九也。"

【原文】

故将通于九变之利者，知用兵矣；将不通于九变之利者，虽知地形，不能得地之利矣。治兵不知九变之术，虽知五利，不能得人之用矣。

【译文】

将帅面对不同情形善于随机应变，即懂得用兵之法了。将帅若不能随机应变，即便了解各种地形，也不能利用好地形。指挥用兵若不能精通随机应变之法，即便了解"有所不"，也不能充分发挥我方战斗力。

【启示】

"圮地""衢地""绝地""围地""死地"等是大框架，可具体拆解出更详细具体的地理形态，所以九变即多变，并不是说了解了这个大框架，就可以去运用了，而是精通这些详细地理形态后，能随机组合使用。五个"有所不"同理。随机应变是前提条件，这也是看不到、摸不着的，避免自以为是地认为自己已经"精通了"的主观行为。站在全局的维度，去客观地分析利弊，观察与学习，才算得上精通。五个地形与五个"有所不"是随机应变的执行框架。

总结：你是否常以为只要买了书，就如读了书；读了书，就如精通了书？这不过是自以为是而已。

随机应变

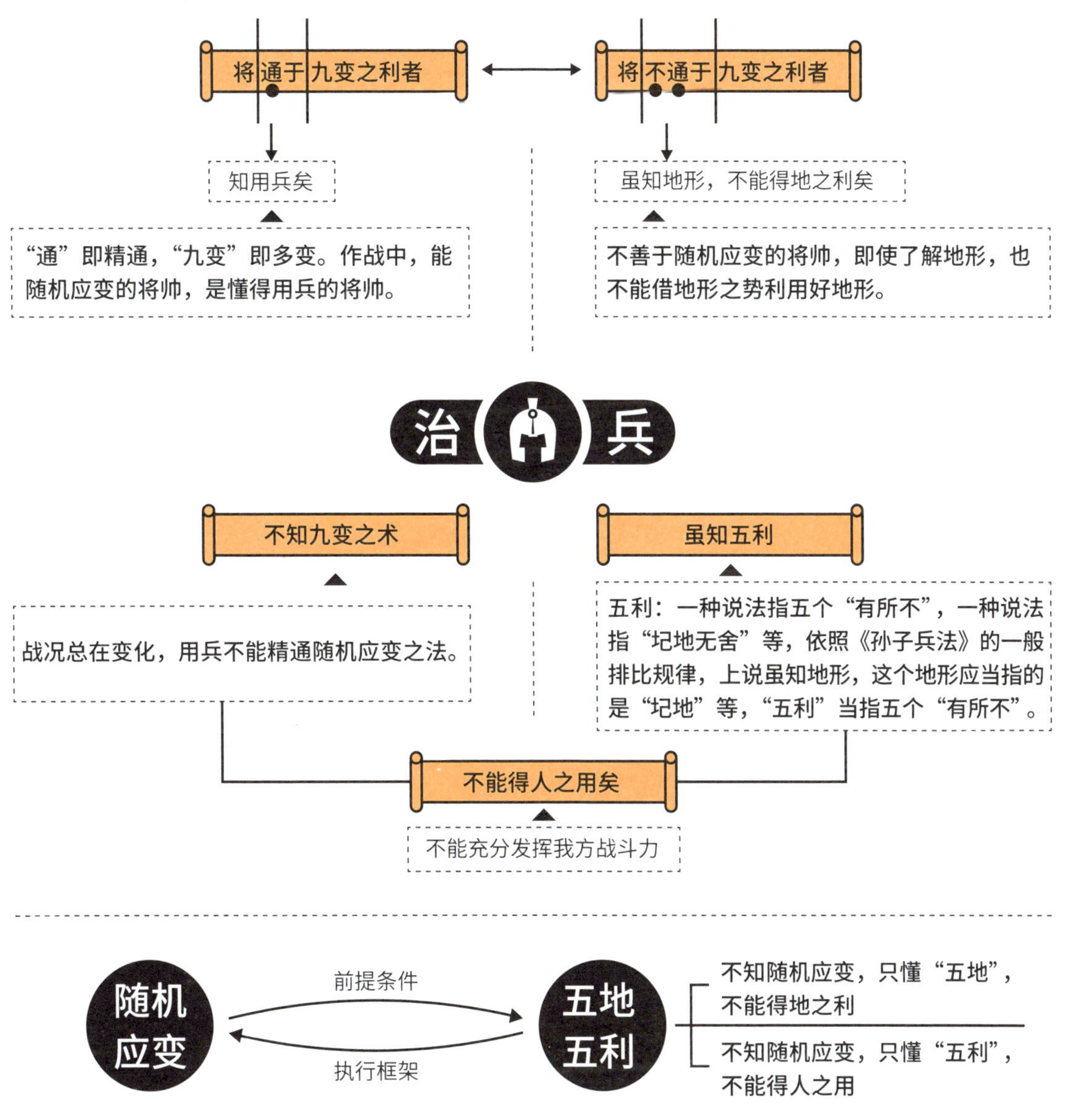

随机应变 —前提条件→ 五地五利

五地五利 —执行框架→ 随机应变

- 不知随机应变，只懂“五地”，不能得地之利
- 不知随机应变，只懂“五利”，不能得人之用

45. 兼顾利害

曹操曰："变其正，得其所用九也。"

【原文】

是故智者之虑，必杂于利害。杂于利而务可信也，杂于害而患可解也。是故屈诸侯者以害，役诸侯者以业，趋诸侯者以利。故用兵之法：无恃其不来，恃吾有以待也；无恃其不攻，恃吾有所不可攻也。

【译文】

有智慧的将帅思考问题，一定要兼顾利与害两个方面。在不利的情况下能看到有利的一面，才可增加胜的信心；在有利的情况下看到不利的一面，才可解除忧患。所以要通过令诸侯害怕的事情迫使诸侯屈服，要通过展示自己的实力让诸侯产生恐慌，陷入慌乱，还要学会用利益诱使诸侯归附。所以正确的用兵方法是：不考虑对方不来，而考虑我方是否准备好等其来；也不考虑对方不进攻，而考虑我方是否已具备对方攻不下的实力。

【启示】

之前我们讲过"一体两面"，这是全局思维的前提条件。生活、工作中遇到问题，我们往往首先会想"好处"是什么，这是人性的本能，趋利避害。若只考虑单方面，就没有办法站在全局视角看问题，不免会得出以偏概全的主观结论。《易经》中有这样做"吉"、那样做"凶"的说法，其实这里的"吉"与"凶"，是分别嫁接在人性上的警示。"凶"并不是不做，而是提醒你要谨小慎微，谨慎行事，反而是更好地做；"吉"也不是什么都不用做，等着就可以了，而是要努力、认真地做，因为不做的结果还是"凶"。

总结：知利弊，才会有全局思维；在此条件下、在"五地五利"框架下，用利弊，才能随机应变。

兼顾利害

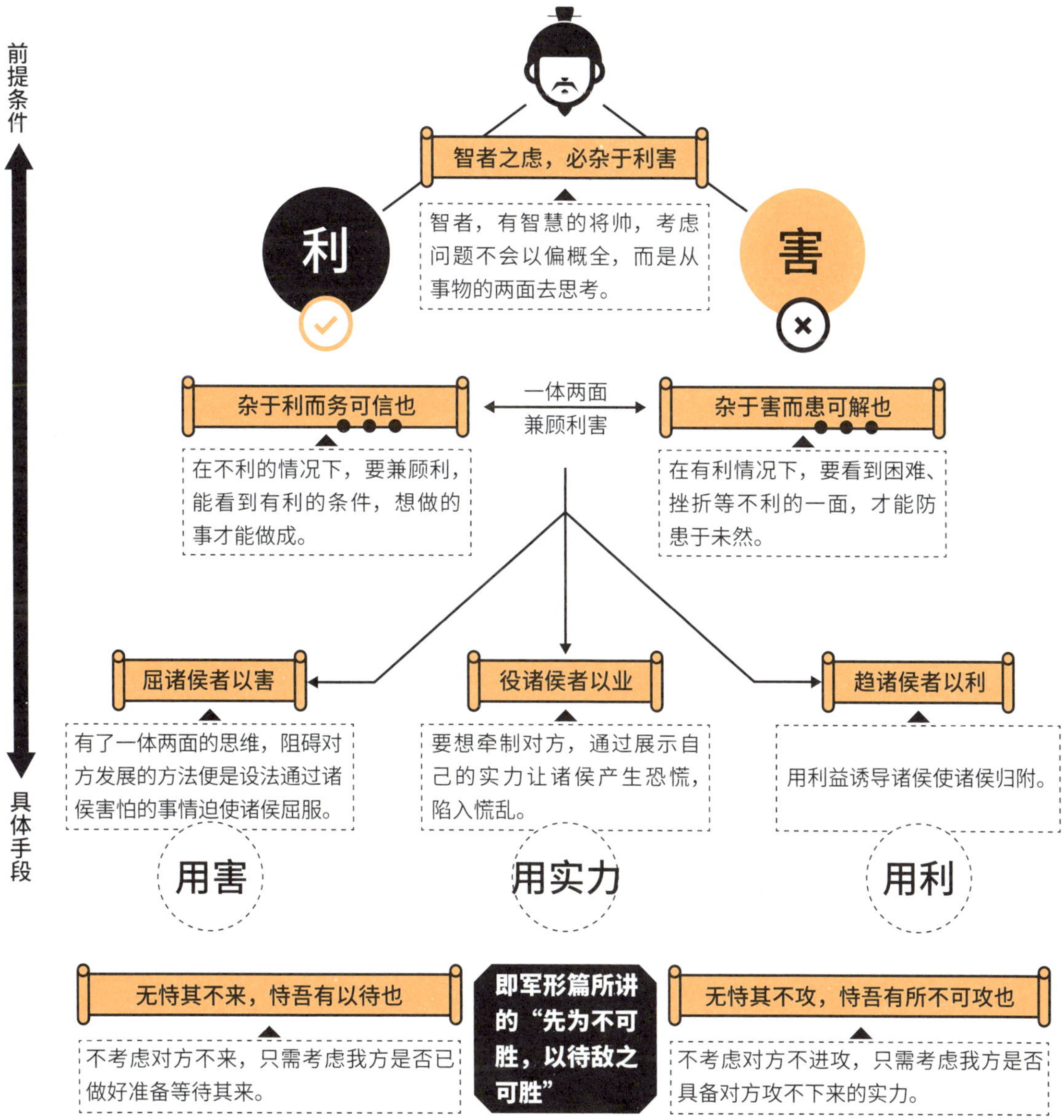

前提条件

具体手段

智者之虑，必杂于利害

智者，有智慧的将帅，考虑问题不会以偏概全，而是从事物的两面去思考。

利

害

杂于利而务可信也

在不利的情况下，要兼顾利，能看到有利的条件，想做的事才能做成。

一体两面

兼顾利害

杂于害而患可解也

在有利情况下，要看到困难、挫折等不利的一面，才能防患于未然。

屈诸侯者以害

有了一体两面的思维，阻碍对方发展的方法便是设法通过诸侯害怕的事情迫使诸侯屈服。

用害

役诸侯者以业

要想牵制对方，通过展示自己的实力让诸侯产生恐慌，陷入慌乱。

用实力

趋诸侯者以利

用利益诱导诸侯使诸侯归附。

用利

无恃其不来，恃吾有以待也

不考虑对方不来，只需考虑我方是否已做好准备等待其来。

即军形篇所讲的“先为不可胜，以待敌之可胜”

无恃其不攻，恃吾有所不可攻也

不考虑对方不进攻，只需考虑我方是否具备对方攻不下来的实力。

46. 五种性格缺陷

曹操曰："变其正，得其所用九也。"

【原文】

故将有五危：必死，可杀也；必生，可虏也；忿速，可侮也；廉洁，可辱也；爱民，可烦也。凡此五者，将之过也，用兵之灾也。覆军杀将，必以五危，不可不察也。

【译文】

将帅的五种（因性格缺陷导致的）危险：只知拼死的将帅容易招致杀身之祸，贪生怕死的将帅容易被俘虏，易怒的将帅容易被激怒而陷入被动，廉洁自爱的将帅会因受不了屈辱对待而失去理智，过于溺爱将士就可能导致轻举妄动。此五种危险，是将帅本身的问题，是用兵的灾难！全军覆没、将帅被杀都是这五种致命缺点导致的，不能不警惕。

【启示】

九变篇历来争论颇多，李零教授将其置于九地篇之后，旨在方便大家理解。在此不对篇章加以置换，而以通行本为准，大家可自行置换感受。九变即多变，战场中、生活与工作的博弈中，不按套路出牌是常有的，事物、环境都处在变化中，因此要学会随机应变，随机应变也有前提，即"杂于利害"。有了全局思维，全面考虑问题，才能防患于未然，才能客观地面对"五危"。

总结：从"毋"的对立面看，"意""必""固""我"既是你的弱点，也是对方对付你的入口。

五种性格缺陷

只知拼死的将帅
对方将帅是只知道拼命的类型，其必然缺少谋略，那就用谋略对付他，这是一体两面的应用。

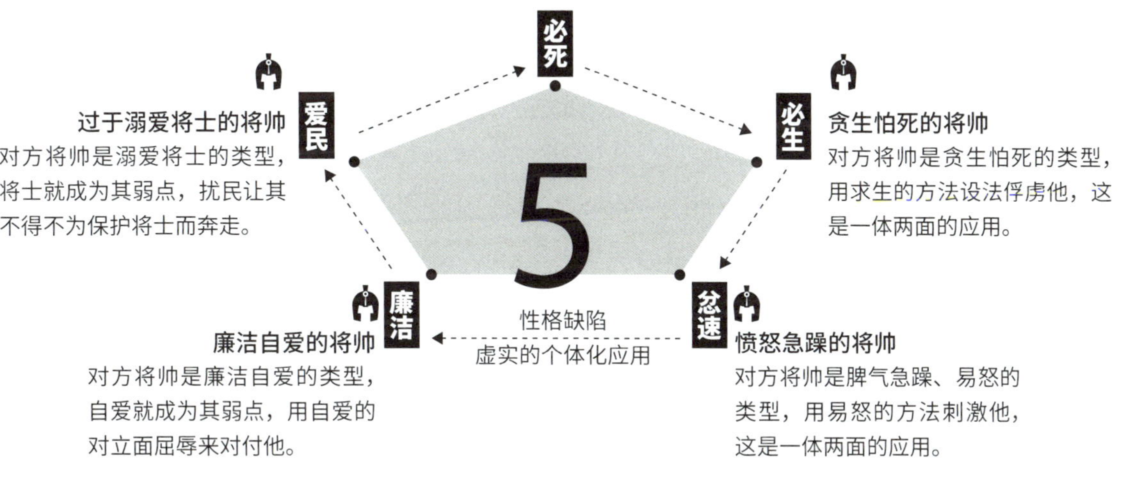

过于溺爱将士的将帅
对方将帅是溺爱将士的类型，将士就成为其弱点，扰民让其不得不为保护将士而奔走。

贪生怕死的将帅
对方将帅是贪生怕死的类型，用求生的方法设法俘虏他，这是一体两面的应用。

廉洁自爱的将帅
对方将帅是廉洁自爱的类型，自爱就成为其弱点，用自爱的对立面屈辱来对付他。

愤怒急躁的将帅
对方将帅是脾气急躁、易怒的类型，用易怒的方法刺激他，这是一体两面的应用。

以下对比《论语》中提到的四种人格

子绝四：毋意、毋必、毋固、毋我。——《论语·子罕》

毋意：不凭空臆想、不臆测
凡事无据，不加猜测。宋高宗怀疑岳飞不忠，纵容秦桧构陷，制造了千古冤狱，自毁长城。

毋必：不武断绝对、不偏执
淝水之战，前秦王苻坚不听群臣劝阻，执意发兵征伐东晋，致使强盛一时的前秦土崩瓦解。

毋固：不固执拘泥、不顽固
春秋时期的宋襄公，因刚愎自用，拒绝大臣们的建议，结果在与楚军的决战中一败涂地。

毋我：不自以为是、不主观
人都有劣根性，易产生以自我为中心的念头，为满足私欲，对他人的感情、尊严等肆意践踏。

47. 行军宿营

曹操曰："择便利而行也。"

【原文】

孙子曰：凡处军相敌，绝山依谷，视生处高，战隆无登，此处山之军也。绝水必远水；客绝水而来，勿迎之于水内，令半济而击之，利；欲战者，无附于水而迎客；视生处高，无迎水流，此处水上之军也。绝斥泽，惟亟去无留；若交军于斥泽之中，必依水草而背众树，此处斥泽之军也。平陆处易而右背高，前死后生，此处平陆之军也。

【译文】

孙子说，驻扎军队、观察敌情有以下原则：穿越山地沿山谷行军，应驻扎于视野开阔、后有依托的高地，若敌人占领高地了，切勿仰攻，此为山地驻扎的基本原则。横渡江河后要驻扎在离水远的地方，敌人渡河来战，不要在水中迎击，待敌人渡水过半时攻击才有利。决战时也不要靠近河流迎战，沿河要驻扎在视野开阔的高地上；不要让对方居上游，我居下游，此为江河地带驻扎的基本原则。穿越盐碱沼泽地带，不要停留；若交战，必须靠近水草并背靠丛林，此为盐碱沼泽地驻扎的基本原则。平原地带要先占领开阔地，在后方要有高地依托，前低后高，居高临下，这是平原地带驻扎的基本原则。

【启示】

军争篇中争的是先机，占位必然是谁先占得有利位置，整个战场局势就偏向于谁。所以路线很重要，而怎么抵达，如何抵达，需要哪些步骤去抵达，这就要看你是否下过真功夫。认真熟悉路线，认真考虑这些路线的组合变化，才能以迂为直，以患为利。前面讲过行军也是战争的一部分，行军路线清晰明了，之后就看路线具体该怎么走了。走与停是相对的，走累了就得停下休息，休息好了精神满满继续前行。行军篇先讲宿营安置问题，因地（山、水、原、隰）而安营与扎寨。本文提到的四种地形，可映射到我们生活与工作中的各种场景，核心是"视生处高"，眼界得宽，位置得对，依托得靠（靠自己）。

总结：凡事得下"真功夫"，"真功夫"是没有捷径的、耐得住烦闷的、实事求是的——"熬"的过程。

行军宿营

山

绝山依谷，视生处高，战隆无登，此处山之军也。

山地的安置原则

01 绝山依谷：一则山谷平坦，易于行军；二则人马可就地补充水草。但两侧容易被敌军设伏。

02 视生处高：前方视野开阔，后有高地依托，居高临下。

03 战隆无登：视生处高反过来，敌高我低，勿仰攻。

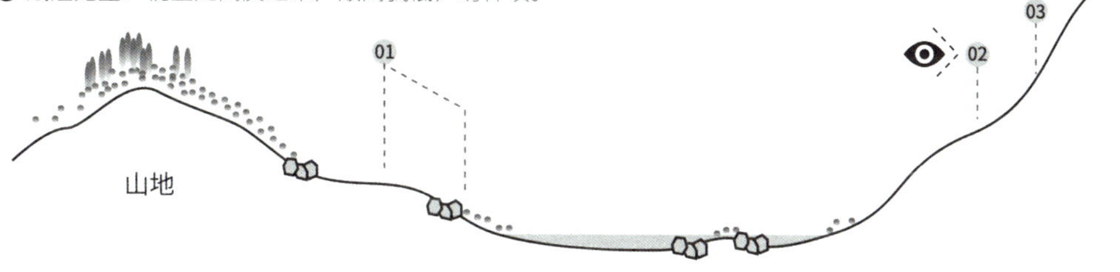

水

绝水必远水；客绝水而来，勿迎之于水内，令半济而击之，利；欲战者，无附于水而迎客；视生处高，无迎水流，此处水上之军也。

江河地带的安置原则

01 绝水必远水：渡河一则防止敌人上游放水；二则防止敌人设伏从岸上打。渡河，远离水驻扎。

02 客绝水而来，勿迎之于水内，令半济而击之，利：对方渡河来战，不可在水中迎战，待对方渡河过半再打是有利的。

03 欲战者，无附于水而迎客；视生处高，无迎水流：要打，但不要近水而战，要待其过半。山地不仰攻，江河也不仰攻，比如不可下游攻上游，不可水中攻河岸。

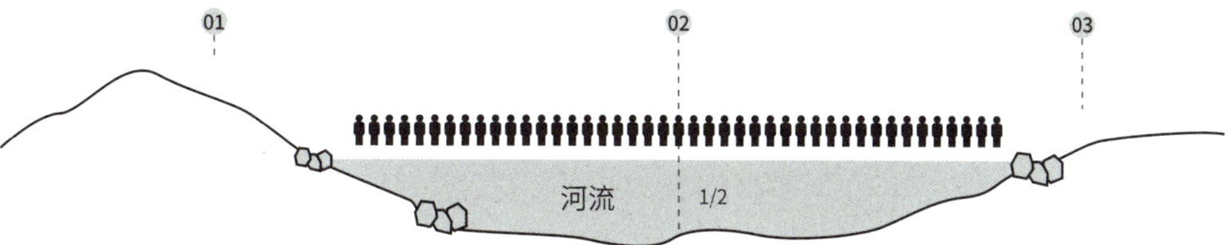

斥泽

绝斥泽，惟亟去无留；若交军于斥泽之中，必依水草而背众树，此处斥泽之军也。

盐碱沼泽地的安置原则

01 绝斥泽，惟亟去无留：穿越盐碱沼泽地，不要停留。

02 若交军于斥泽之中，必依水草而背众树：此地作战，依托水草，背靠丛林。

平原

平陆处易而右背高，前死后生，此处平陆之军也。

平原地带的安置原则

01 右背高：右方、背后有依托，依然是“视生处高”。

02 前死后生：李筌曰：“前死，致敌之地；后生，我自处”。

48. 处军之宜

曹操曰："择便利而行也。"

【原文】

凡此四军之利，黄帝之所以胜四帝也。凡军好高而恶下，贵阳而贱阴，养生而处实，军无百疾，是谓必胜。丘陵堤防，必处其阳而右背之。此兵之利，地之助也。

【译文】

上文中所讲的四种宿营原则，就是战争取胜之道，也即黄帝能胜四方部落的原因。一般来讲，驻扎军队多选择高地而避开洼地；选择向阳处，避开阴暗处；近水草处便于人马补给，如此军中没有疾病困扰，此为胜利的必要条件。对于丘陵河堤，也务必选择向阳处，并背靠高地驻扎。这些都是对作战有利的条件，是有利地形对战争的辅助。

【启示】

上文讲如何安置部队，如同做产品，在不同场景去布置自己的团队或者产品线。本文及后文有三个"凡是"，第一个"凡是"是用来总结上文的，引用黄帝打败四帝的事例，是以强大的背书作为论证依据。这也是在《孙子兵法》中第一次出现关于"兵阴阳"及"五行"的说法，其中值得关注的三个关键词："阴阳""顺逆""向背"。"阴阳"指古人对自然地理规律的洞察与运用，向阳干燥不易滋生病虫，此为保障军力的基础，反之为阴。"顺逆"是以实用为基础，后方有所依靠，对于精力、视角都有聚焦的作用。"向背"指背靠高地，便于居高临下，利于出击。所以，无论是团队还是产品，团队的基本素质、专业程度得有，产品的基本质量得有，品牌的基本形象得有，这些都是基础的定位。在定位的基础上，找到"向阳"之地让其成长，找到"向背"之地，做好维护。

总结：我们周围的环境时刻在变化，内弱，则随风而摇摆；内强，则用心做事，向阳、向背而生。

处军之宜

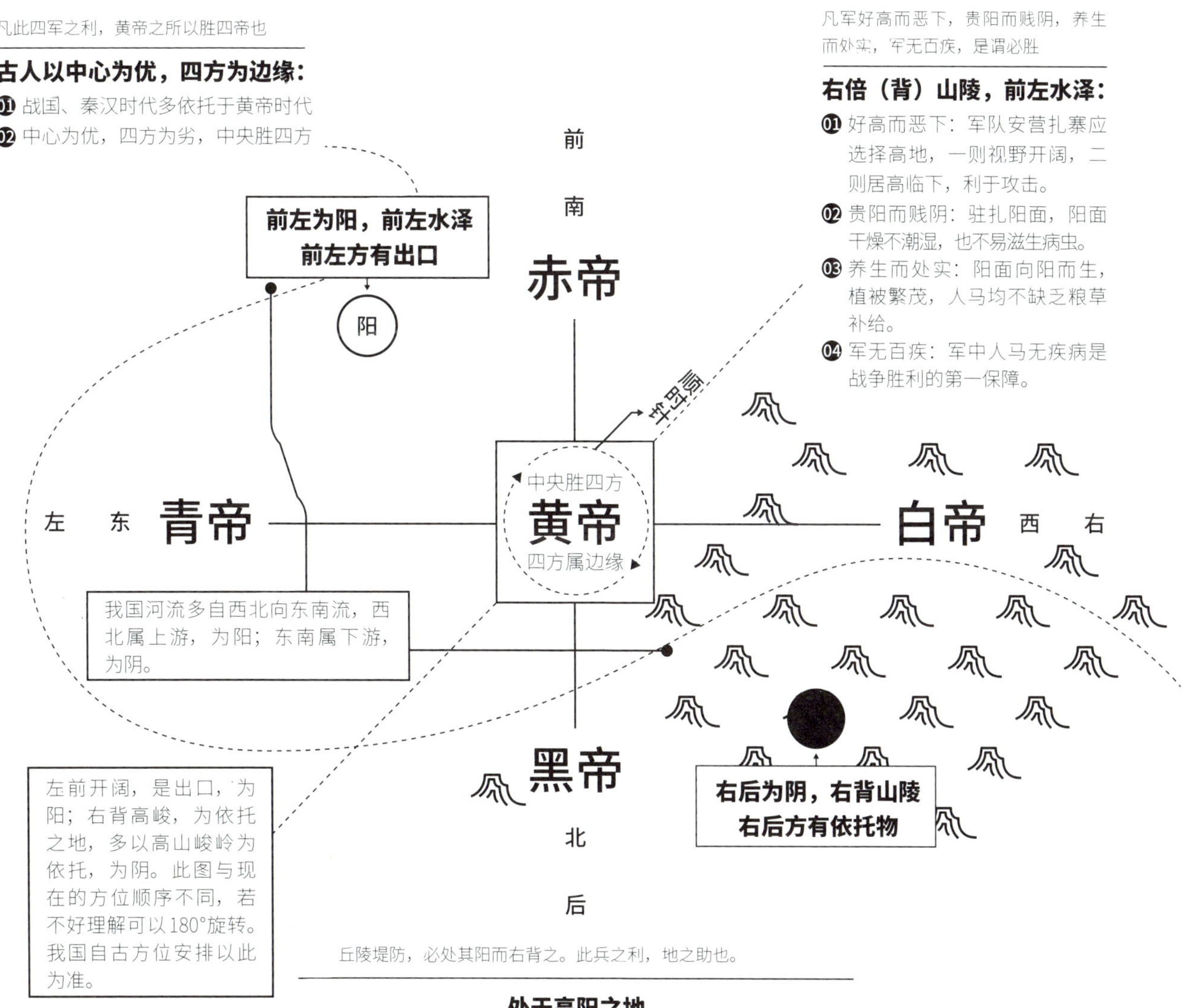

丘陵、堤坝处，先占以及依托向阳之地。前面也提到，斥泽、平原可依树木；河流、湖泊，可依河堤。此为用兵部署安置一定要利用、依托地形的基本原则。

49. 处军之忌

曹操曰：“择便利而行也。”

【原文】

上雨，水沫至，欲涉者，待其定也。凡地有绝涧、天井、天牢、天罗、天陷、天隙，必亟去之，勿近也。吾远之，敌近之；吾迎之，敌背之。军行有险阻、潢井、葭苇、山林、蘙荟者，必谨复索之，此伏奸之所处也。

【译文】

上游的雨水（易促成洪水）奔流而来时，我方部队若想要渡河，务必要等洪水过后，水流平稳后再过河。凡是地形有“绝涧”“天井”“天牢”“天罗”“天陷”“天隙”等情况的，务必迅速离开此处，不要去接近。我方应远离此种地形，诱导对方去靠近这种地形；我方应面向此地形，而让对方去背对和依托于此种地形。行军，如果遇到悬崖峭壁上狭窄险要的地形、低洼沼泽的地形、芦苇丛生的地形、树木茂盛的丛林地形以及草木繁盛的地带，务必谨慎并反反复复地搜索检查，因为此五种地形都是容易设伏或侦察我方行踪的地方。

【启示】

上文讲如何安置军队最好，此文则反过来讲哪些地形是安置军队时务必要注意的。先有六种最危险的地形，后有行军过程中的五种需要规避的“坑”。这是古人对自然规律的洞察，在生活、工作中那些前人讲过千万遍，而你就是不听劝，非要尝试的，比如前险后峻你要试、天井深坑你要试、如鱼篓的天牢你要钻，最终注定是要失败的。行军中的“坑”，《孙子兵法》告诉我们有五种要规避，因为这五种最容易遭到对方设伏，很危险。当然这五种地形，也可以理解为五种表象。我们都需要看透表象来学而思，思而学，去求证。

总结：“学而不思则罔，思而不学则殆”，只学不思依然迷惘；只思考不学不求证，则会限于空想。

处军之忌

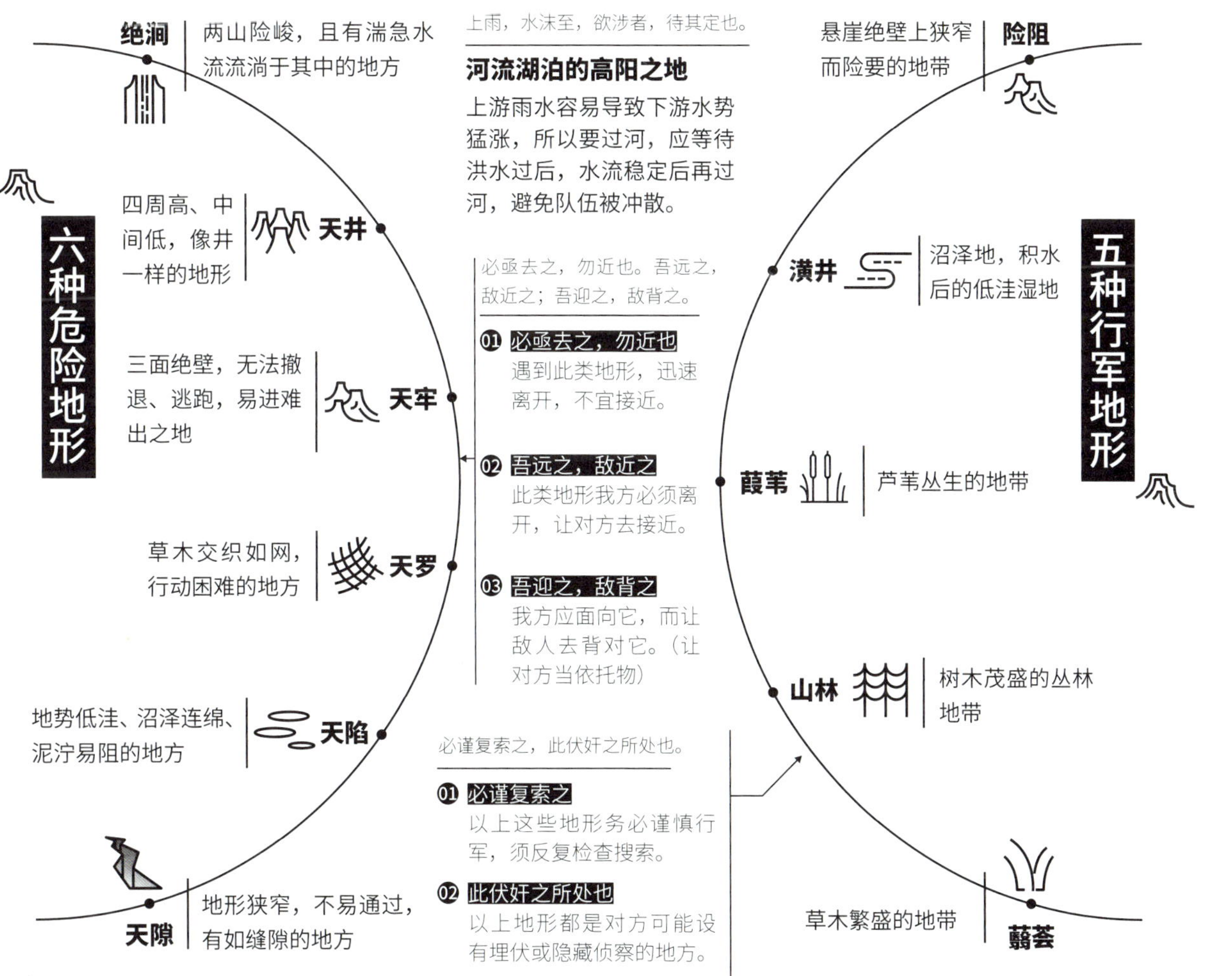
六种危险地形
绝涧
两山险峻，且有湍急水流流淌于其中的地方
天井
四周高、中间低，像井一样的地形
天牢
三面绝壁，无法撤退、逃跑，易进难出之地
天罗
草木交织如网，行动困难的地方
天陷
地势低洼、沼泽连绵、泥泞易阻的地方
天隙
地形狭窄，不易通过，有如缝隙的地方
上雨，水沫至，欲涉者，待其定也。
河流湖泊的高阳之地
上游雨水容易导致下游水势猛涨，所以要过河，应等待洪水过后，水流稳定后再过河，避免队伍被冲散。
必亟去之，勿近也。吾远之，敌近之；吾迎之，敌背之。
01 必亟去之，勿近也
遇到此类地形，迅速离开，不宜接近。
02 吾远之，敌近之
此类地形我方必须离开，让对方去接近。
03 吾迎之，敌背之
我方应面向它，而让敌人去背对它。（让对方当依托物）
必谨复索之，此伏奸之所处也。
01 必谨复索之
以上这些地形务必谨慎行军，须反复检查搜索。
02 此伏奸之所处也
以上地形都是对方可能设有埋伏或隐藏侦察的地方。
五种行军地形
险阻
悬崖绝壁上狭窄而险要的地带
潢井
沼泽地，积水后的低洼湿地
葭苇
芦苇丛生的地带
山林
树木茂盛的丛林地带
翳荟
草木繁盛的地带

50. 相敌十七

曹操曰："择便利而行也。"

【原文】

敌近而静者，恃其险也；远而挑战者，欲人之进也；其所居易者，利也。众树动者，来也；众草多障者，疑也；鸟起者，伏也；兽骇者，覆也。尘高而锐者，车来也；卑而广者，徒来也；散而条达者，樵采也；少而往来者，营军也。辞卑而益备者，进也；辞强而进驱者，退也；轻车先出居其侧者，陈也；无约而请和者，谋也；奔走而陈兵车者，期也；半进半退者，诱也。

【译文】

敌人离我方很近却很安静，肯定是对方占据了险要地形；敌军驻扎在远处，却还来挑衅，是想诱我进攻并进入他们的圈套；敌驻扎在平坦地，那么就已经有了地利。树林摇动是有敌隐藏于其中且正在移动；草丛有障碍物，多为敌设陷阱；远处鸟受惊飞起，其下有伏兵；兽受惊扰奔走，有大股敌人正在来袭。尘土纵高，是敌驱战车来袭；尘土横飞且面积广阔，是敌徒步向我方前进；尘土散乱纵横，是敌在砍柴；尘土少且断断续续，是敌人在安营扎寨。敌方使者措辞卑微谦逊，而后方部队却是战备状态，是准备进攻；敌方使者强横，后方部队假装前进，是准备撤退；敌人轻车率先出动并布置两侧，是准备布阵迎战了；敌人没有约定却来求和，必有诈；敌人奔走布阵，是准备与我决战；敌人半退半进，是图谋引诱我军。

【启示】

本文涉及"相敌三十二"中的前十七个，古人对于这个世界的认知，会从两个方面去切入了解，一方面是用肉眼去观察，观察为"相"，一方面是计算，计算则为"卜"。相敌是有目的、有目标物地对对方的行踪进行观察，观察是数据累积的过程，这个过程最终会汇集成为"计算"的依据，以此来采取适当决策。我们读《孙子兵法》至此过半，希望大家能够明白，《孙子兵法》所有内容都是需要辩证看待的。怎么讲？前面讲过，"一体两面"是我们读《孙子兵法》的根本，《孙子兵法》一方面告诉我们这些具体的"相法"，一方面你也要防止这些"相法"被用在自己身上。例如"鸟起者，伏也"，你观察到对方的动作，有可能并不是本文所写的这般，对方不一定在其下方，对方也不见得是把主力置于其下方。《孙子兵法》告诉我们，在"相"，却不要着了相。

总结：相内相外两个世界，造就两个境界的人，你若固执己见，成功之路很难。

相敌十七

敌近而静者，恃其险也；远而挑战者，欲人之进也；其所居易者，利也。

相敌即观察敌情——地形

01 敌近而静者，恃其险也
敌人逼近时，却按兵不动，原因在于对方已占据险要地形。

02 远而挑战者，欲人之进也
敌人远离我方，却来挑衅，是想引诱我方前进。

03 其所居易者，利也
敌人之所以驻扎于平坦之地，舍险而居易，是想诱我方前进，利于决战。

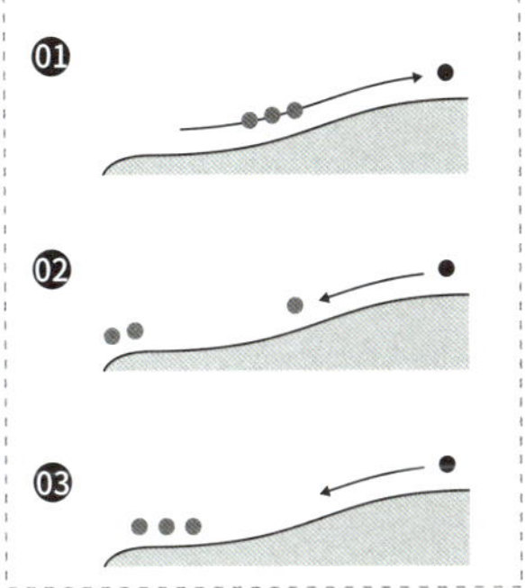

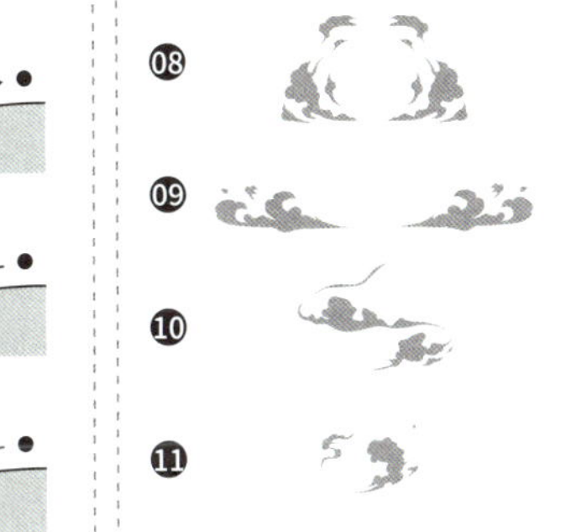

尘高而锐者，车来也；卑而广者，徒来也；散而条达者，樵采也；少而往来者，营军也。

相敌即观察敌情——以尘判相

08 尘高而锐者，车来也
尘土飞扬纵向高而且锐的，预示着有战车向我方袭来。

09 卑而广者，徒来也
尘土横向飞扬，低且面积比较广的，预示着有步兵向我方袭来。

10 散而条达者，樵采也
尘土散乱纵横，定是对方在砍柴劈木。

11 少而往来者，营军也
尘土少且时有时无的，定是对方军队在安营扎寨。

众树动者，来也；众草多障者，疑也；鸟起者，伏也；兽骇者，覆也。

相敌即观察敌情——草木鸟兽

04 众树动者，来也
观察树木的动向，没有风却有摇动的迹象，是对方隐蔽而来。

05 众草多障者，疑也
在草丛中发现许多障碍物，多为敌人设置的陷阱

06 鸟起者，伏也
鸟飞起来，必定是受到惊扰，下方也必然存在伏兵的危险

07 兽骇者，覆也
野兽被惊扰后会奔走，这预示着附近必有敌人袭来

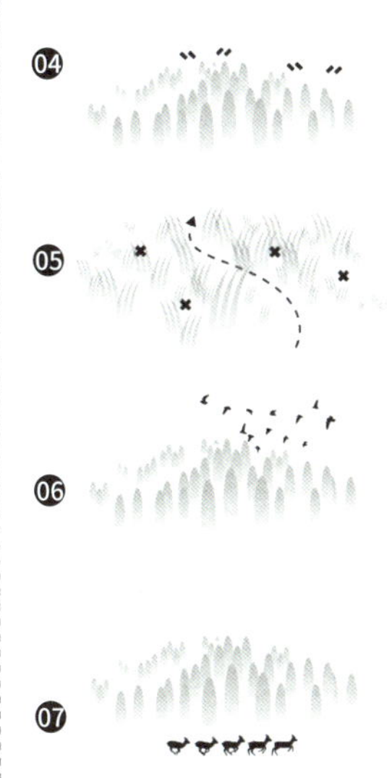

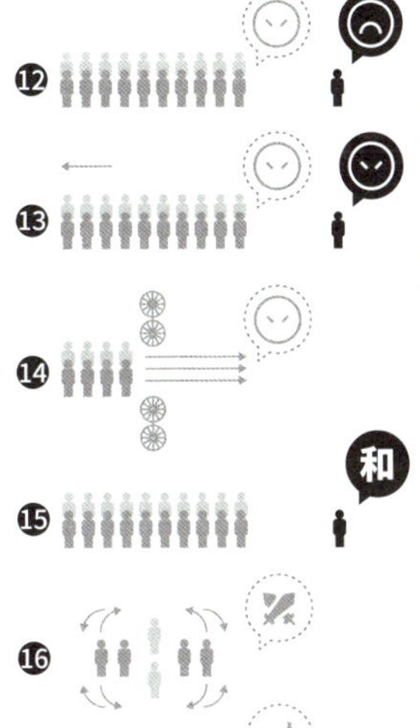

辞卑而益备者，进也；辞强而进驱者，退也；轻车先出居其侧者，陈也；无约而请和者，谋也；奔走而陈兵车者，期也；半进半退者，诱也。

相敌即观察敌情——敌方行迹

12 辞卑而益备者，进也
对方使者言辞卑微，后方部队却是战备状态，预示着对方准备进攻了。

13 辞强而进驱者，退也
对方使者言辞强横，后方部队假装进攻状态，这预示着对方准备撤退了。

14 轻车先出居其侧者，陈也
对方轻车出动并部署两侧，预示对方准备排兵布阵，进入战斗状态。

15 无约而请和者，谋也
没有与我方约定，而前来请求议和，定是另有阴谋。

16 奔走而陈兵车者，期也
对方的兵卒奔走，并且兵车列阵，是准备与我方决战了。

17 半进半退者，诱也
对方半进半退，似进似退，定是企图引诱、调动我方兵力。

51. 相敌心理

曹操曰："择便利而行也。"

【原文】

杖而立者，饥也；汲而先饮者，渴也；见利而不进者，劳也。鸟集者，虚也；夜呼者，恐也；军扰者，将不重也；旌旗动者，乱也；吏怒者，倦也；粟马肉食，军无悬缻，不返其舍者，穷寇也；谆谆翕翕，徐与人言者，失众也；数赏者，窘也；数罚者，困也；先暴而后畏其众者，不精之至也；来委谢者，欲休息也。兵怒而相迎，久而不合，又不相去，必谨察之。

【译文】

（接上文）敌兵依杖而站，是饥饿所致；敌兵打完水自己先抢着喝，是将士们处于缺水状态；看到好处而不去争取，是疲惫所致；对方营寨上空飞鸟盘旋，营寨必定是空的；敌兵夜间惊慌乱叫，是紧张、恐慌所致；敌兵彼此惊扰，表明其将帅治兵不严，威望已失；敌人旗帜摇摆不定，乱而无序，是敌心已乱；敌军将帅无故发怒，是对方上下对战事已经心生厌倦；对方用人吃的粮食喂马，杀牛（拉辎重大车的牛）吃肉，炊具尽毁，是不打算再回营地，准备拼死一战了；敌将与部下沟通低声下气，是其已失人心；敌军将领不断奖赏士兵，说明已陷入窘境；敌军将领不断处罚下属，说明敌军已经陷入困境；敌军将领先对部下粗暴无礼，后来又因为害怕而对部下礼遇有加，说明这个将领糊涂至极，没有半点治军能力；敌方使者措辞委婉、态度谦和，是想休战；对方愤怒向我而来，久不战，也不撤退，定要谨慎查明其真实意图。

【启示】

本文十五条相敌接上文十七条相敌，共计三十二条相敌之法。上文解释过相敌多为表象，对自己有提醒作用的同时，也不要忽视"一体两面"，即这三十二条相敌并非为"真"，也可能为"假"。若你以为"真"，那么这个"真"就会成为你的弱点，给敌人留下可乘之机。上文提过"鸟起者，伏也"的例子，群鸟惊起而飞，概率上是有敌人来袭，但也有可能是对方设的局等着你跳。所以上文、本文讲的基本就是这样一个道理，以此来警示我们凡事一体两面皆有。所以三十二条相敌之法，旨在告诉我们，观察是判断问题的最基础的"相"。在此基础上，假设其是对的，再去验证其成因，透过现象去看清其背后的真实企图之后，最终做出决策。

总结：观察是基础，假设其为"真"，去验证是否为"真"，再透过现象去思考问题，找到真实企图。

相敌心理

01 **杖而立者，饥也**
观察对方士兵，站立时需要拐杖类依托物，是其饥饿的表现。

02 **汲而先饮者，渴也**
观察对方士兵，打水时自己先抢着喝的，是其队伍干渴的表现。

03 **见利而不进者，劳也**
观察对方士兵，在见到好处时也不愿意去争取，是其队伍疲惫的表现。

04 **鸟集者，虚也**
观察到对方营寨上空有群鸟飞而不乱，其营寨必定已是空营。

05 **夜呼者，恐也**
观察到对方士兵夜间惊吼乱叫，定是其队伍紧张、恐慌的表现。

06 **军扰者，将不重也**
观察到对方的士兵惊扰彼此，表明其将帅治兵不严，威望已失。

07 **旌旗动者，乱也**
观察到对方的旗帜摇摆不定且乱而无序，定是对方队伍已混乱。

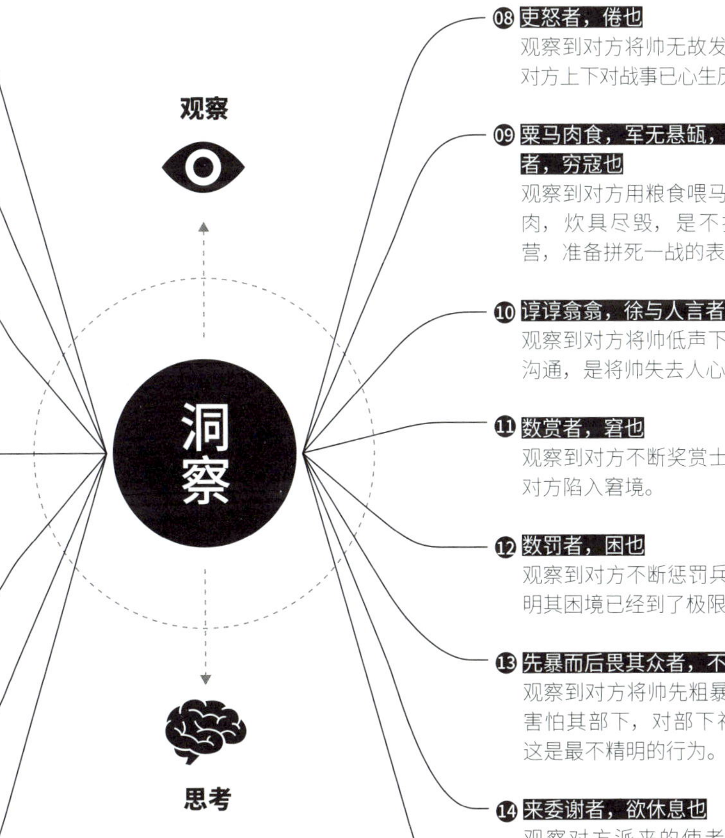

08 **吏怒者，倦也**
观察到对方将帅无故发怒，定是对方上下对战事已心生厌倦。

09 **粟马肉食，军无悬缻，不返其舍者，穷寇也**
观察到对方用粮食喂马，杀牛吃肉，炊具尽毁，是不打算再回营，准备拼死一战的表现。

10 **谆谆翕翕，徐与人言者，失众也**
观察到对方将帅低声下气与士兵沟通，是将帅失去人心的表现。

11 **数赏者，窘也**
观察到对方不断奖赏士兵，说明对方陷入窘境。

12 **数罚者，困也**
观察到对方不断惩罚兵卒，则说明其困境已经到了极限。

13 **先暴而后畏其众者，不精之至也**
观察到对方将帅先粗暴，而后又害怕其部下，对部下礼遇有加，这是最不精明的行为。

14 **来委谢者，欲休息也**
观察对方派来的使者，措辞委婉、态度谦逊，是想休战。

15 **兵怒而相迎，久而不合，又不相去，必谨察之**
观察到对方愤怒向我而来，久不交战，也不撤退，一定要谨慎查明其真实意图。

52. 软硬兼施

曹操曰："择便利而行也。"

【原文】 兵非益多也，惟无武进，足以并力、料敌、取人而已。夫惟无虑而易敌者，必擒于人。卒未亲附而罚之，则不服，不服则难用也。卒已亲附而罚不行，则不可用也。故令之以文，齐之以武，是谓必取。令素行以教其民，则民服；令不素行以教其民，则民不服。令素行者，与众相得也。

【译文】 战争并非兵力越多越好，只要不轻敌、不武断冒进，而是集中兵力，判明对方的真实企图，就能取胜于敌人。那种无深谋远虑又轻敌的人，必定会被敌人俘虏。兵卒还没真心依附将领，就先行惩罚之举，兵卒当然不服气，不服气就难以指挥使用。先行亲近的兵卒，若不按军纪执行，也不能用来作战。所以用"文"（柔和）来管理，用"武"（刚硬）来使其规矩一致，这是胜利的两个必要条件。平时便以严加管教、使其遵守命令的方式管理兵卒，并用公平透明的奖赏来团结兵卒，兵卒就能养成服从的习惯；平时不严加管教，也不用奖赏来团结兵卒，兵卒则会养成不服从的习惯。平时命令能贯彻执行的，表明将帅同兵卒之间相处融洽。

【启示】 两个胜利的必要条件，"文"与"武"的管理方式，即软硬兼施，就是这个道理。"文"与"武"是对立关系，依然是一体两面，阴阳在万物中，万物才可持续地平衡发展。"软"并非软弱的意思，而是以建立让对方信任为目的的行为，比如实事求是，依规律办事，依规律发挥自身能力，最后建立在能力值"足够"的信任层面的"软"。当然，"硬"也并非字面意思的刚硬，那样是必败的。"硬"也是要按规律办事。所以，不要只看表面含义。本文是对前面内容的总结，行军篇先讲"处军"，即面对山、水、斥泽、平地的安营扎寨之法，后讲"相敌"的三十二种情况，最后以"令素行者，与众相得也"为准，执行军纪。

总结："台上一分钟，台下十年功"，面对变化，能随机应变，非一时的智慧，更多是持久的养成。

软硬兼施

兵非益多也，惟无武进，足以并力、料敌、取人而已。夫惟无虑而易敌者，必擒于人。

兵不在多，而在善用

01 兵非益多也，惟无武进：兵不是越多越好，只要不武断冒进。

02 足以并力、料敌、取人：就能集中力量，判明敌情，取得胜利。

03 夫惟无虑而易敌者，必擒于人：没有深思熟虑、一味冒进者，定会被俘虏。

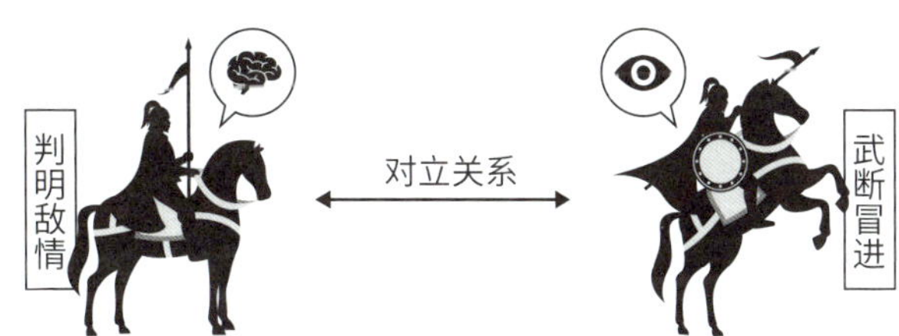

卒未亲附而罚之，则不服，不服则难用也。

硬罚在前，不服难用

未亲附—罚—不服—难用

对方不信任你，硬罚，可能会引起不服的心理，如此便会不听从指挥调动。

对立关系

卒已亲附而罚不行，则不可用也。

亲近在前，不行军纪，不可用

已亲附—不行—不可用

对方信任你了，地赏罚不明，该罚时不罚，如此管教的兵卒不可用。

故令之以文，齐之以武，是谓必取

以“文”管理，以“武”治理

武 02 齐之以武

文 01 令之以文

令素行以教其民，则民服。

法令素行

平时若能严加管教、严格贯彻执行（“文”“武”），兵卒信任服从并益于养成习惯。

对立关系

令不素行以教其民，则民不服。

法令不素行

平时不能严加管教、不严格贯彻执行（“文”“武”），兵卒不信任服从，也不益于养成习惯。

令素行者，与众相得也。

软硬兼施的目的

平时赏罚分明，并能贯彻执行，表明将帅与兵卒关系融洽。

53. 地有六形

曹操曰："欲战，审地形以立胜也。"

【原文】

孙子曰：地形有通者，有挂者，有支者，有隘者，有险者，有远者。我可以往，彼可以来，曰通。通形者，先居高阳，利粮道，以战则利。可以往，难以返，曰挂。挂形者，敌无备，出而胜之；敌若有备，出而不胜，难以返，不利。我出而不利，彼出而不利，曰支。支形者，敌虽利我，我无出也；引而去之，令敌半出而击之，利。隘形者，我先居之，必盈之以待敌；若敌先居之，盈而勿从，不盈而从之。险形者，我先居之，必居高阳以待敌；若敌先居之，引而去之，勿从也。远形者，势均，难以挑战，战而不利。凡此六者，地之道也，将之至任，不可不察也。

【译文】

孙子说：作战地形有"通""挂""支""隘""险""远"等六种。我可去，敌可来的区域叫"通"，此地形应先占领向阳高地，便于保护粮道，此时与敌人交战于我们有利。易进难出的区域叫"挂"，此地形敌若无防备可突袭取胜；敌有防备，出击不胜难退，我们将陷入不利境地。我出击不利，敌出击也不利的区域叫"支"，此地形即便敌以利诱我，也不可前去；最好的办法是率军撤离，诱使敌人出兵，当他们出去一半时再回师反击，这样形势才会对我军有利。那些出口狭窄的地形叫作"隘"，在这样的地域作战，我们应该先占领要塞，且一定用重兵控制住隘口，然后等待敌人的到来；如果敌人先占据了隘口，并且重兵把守，那我们就不要进击了；如果敌人没有用重兵扼守隘口，那么我们就要迅速攻取隘口，然后展开进攻。那些地势险要的地方叫作"险"，在这样的地域作战，我军一定要占据向阳高地，之后再部署军队等待敌军的到来；如果敌人抢占了高地，我军就要主动撤离，不要与敌人交锋。两军相距较远，称作"远"，若敌我方势均力敌，那么不宜挑战，若勉强求战，必对我方不利。此六种地形，是利用地形的基本原则，将帅责任重大，不可不仔细研究对待。

【启示】

行军篇讲"地"目的在于争利，很具体，什么路好走，什么路不好走；什么路能走，什么路不能走；怎么走慢，怎么走快等，最终实现以迂为直。地形篇讲"地"，则是真枪实弹地在实际作战层面，即抵达战场后，什么地方利于作战，什么地方不利于作战，此为"相地"也。举个例子，比如你做产品，那么行军篇更像是做渠道，地形则更像是展现终端平台。

总结：本文六种地形指的是能够造成有利形势的地形，这话依然是既说给你听，也说给了对手听。

地有六形

地形篇讲“地形”，上一章行军篇也讲“地形”，两种“地形”所指不同，行军篇中的“地形”（山、水、斥泽、平地）着重在行军之地形，目的在与军争利，以迂为直。地形篇的“地形”着重于交战之地形。本文讲“六地”（通、挂、支、隘、险、远），以此衬托兵的“六败”。

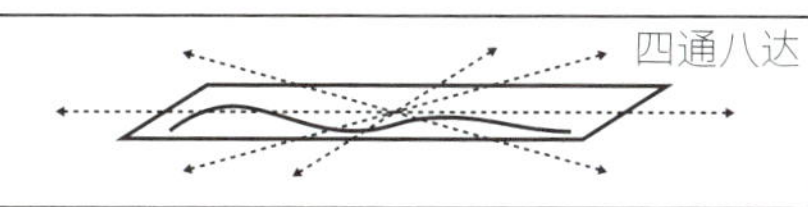

我可以往，彼可以来，曰通。

“通”即四通八达

敌我双方都可来、可去，往返畅通的区域。

通形者，先居高阳，利粮道，以战则利。

四通八达属于平坦地带，应抢先占据向阳高地，以便保持粮道畅通，此时与敌人交战是有利的。

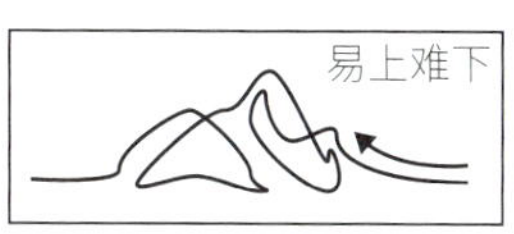

可以往，难以返，曰挂。

“挂”即易往难返地带

可以前进，但后退困难的区域，如华山。

挂形者，敌无备，出而胜之；敌若有备，出而不胜，难以返，不利。

“挂”地，遇敌无防备，可采用突然出击来取胜；若敌有防备，我出击不胜，难后退，对我不利。

远形者，势均，难以挑战，战而不利。

“远”即双方距离远

“远”地，敌我双方相距较远，且双方地利一样，不要主动出战，这有违“以逸待劳”之原则。

地利相同

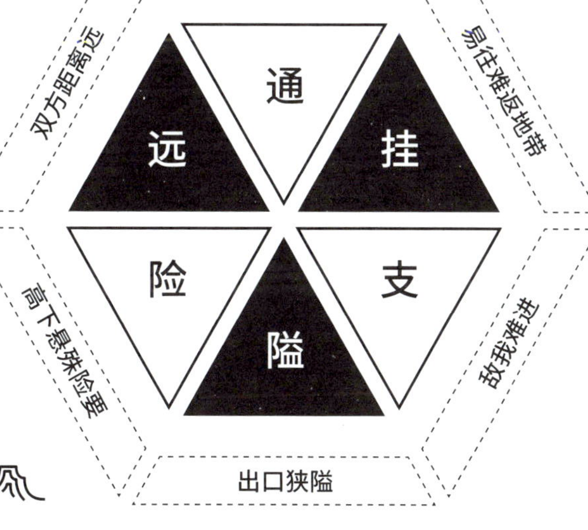

我出而不利，彼出而不利，曰支。

“支”即敌我难进

敌我双方前进均不利的区域称为“支”。

支形者，敌虽利我，我无出也；引而去之，令敌半出而击之，利。

“支”地，即便敌以利诱惑我，我也不可前去争利；当引兵离开，待敌出来一半时回击，形势于我方有利。

险形者，我先居之，必居高阳以待敌。

“险”即高下悬殊险要

先占向阳高地，利用地形对付对方。

若敌先居之，引而去之，勿从也。

“险”地如果被敌先占领，我应尽快撤离此地，不要去打。

隘形者，我先居之，必盈之以待敌。

“隘”即出口狭隘

出口狭隘区，我应先占据要塞以待敌来袭。

若敌先居之，盈而勿从，不盈而从之。

敌先占领“隘”地，我不易进攻；如果敌没有占领的话，那我可以去攻打对方。

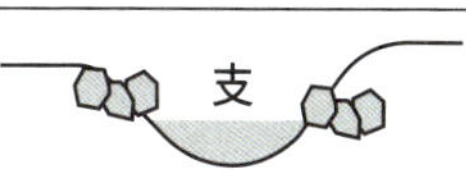

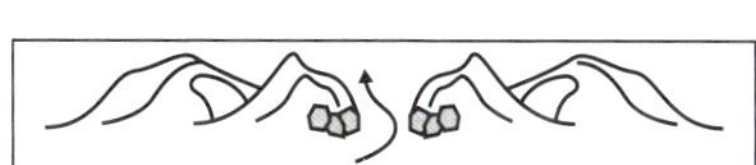

历史案例：唐玄宗李隆基时代，安禄山叛乱，李隆基命名将哥舒翰出战守潼关。潼关与函谷关两关之间全为隘路，奸臣杨国忠以假消息禀报李隆基，说安禄山已经溃败，建议哥舒翰出战，李隆基误判并准许哥舒翰出战。一代名将哥舒翰被早已准备好的安禄山部队全歼于隘路之上，二十万人全军覆没。

54. 兵有六败

曹操曰："欲战，审地形以立胜也。"

【原文】

故兵有走者，有弛者，有陷者，有崩者，有乱者，有北者。凡此六者，非天地之灾，将之过也。夫势均，以一击十，曰走；卒强吏弱，曰弛；吏强卒弱，曰陷；大吏怒而不服，遇敌怼而自战，将不知其能，曰崩；将弱不严，教道不明，吏卒无常，陈兵纵横，曰乱；将不能料敌，以少合众，以弱击强，兵无选锋，曰北。凡此六者，败之道也，将之至任，不可不察也。

【译文】

用兵有"走""弛""陷""崩""乱""北"等六种（必败）的情况存在。此六种情况，非天地之灾，而是用兵将帅之过错。双方地利相同，将帅指挥不当，以一打十，为"走"。兵强将弱，为"弛"。将强兵弱的，为"陷"。偏将不服从主将统一调动，遇敌擅自出战，将帅不知他们的真正实力而没有予以恰当指挥，为"崩"。将领无谋且无威严，管教也不明，官兵当然无规无矩，排兵布阵也当混乱无序，为"乱"。将帅不能判断对方情况，以劣势对战对方优势，以弱打强，队伍也没有先后之分（编制问题），为"北"。此六种情况，是兵败的必然因素，作为将帅责任重大，不能不仔细研究对待。

【启示】

上文讲地，本文讲人，地离不开人，人离不开地，两者缺一不可。地是固定的、不变的"利"，不同地形具备各自的天然优势，人要依附于地而动，即利用好不同地形的天然优势，来达到用好兵而取胜的目的。以地为带兵的手段，以带兵为取胜为目的。这六种情况在我们日常生活、工作中如何应用与处理呢？团队如何带，产品销量如何提升，企业、公司如何运营，不要怨天怨地，要根据情况逐一解决。

总结：三省吾身最难的，其实是自己能否辩证地看待并否定自己的想法，并能客观地分析和面对这个被否定的想法。

兵有六败

夫势均，以一击十，曰走。

“走”即败走、逃跑

双方地利相同，将帅指挥不当，以一击十，以寡敌众，不能不败、不能不逃命。

将不能料敌，以少合众，以弱击强，兵无选锋，曰北。

“北”即败北

将帅不知敌情，以劣势对战对方优势，以弱兵对强敌，队伍无先后之分，交战必败。

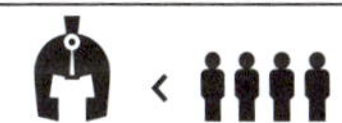

卒强吏弱，曰弛。

“弛”即纪律松弛

兵卒太强势，军官太弱势，军官指挥不了兵卒，队伍就会无组织、无纪律。

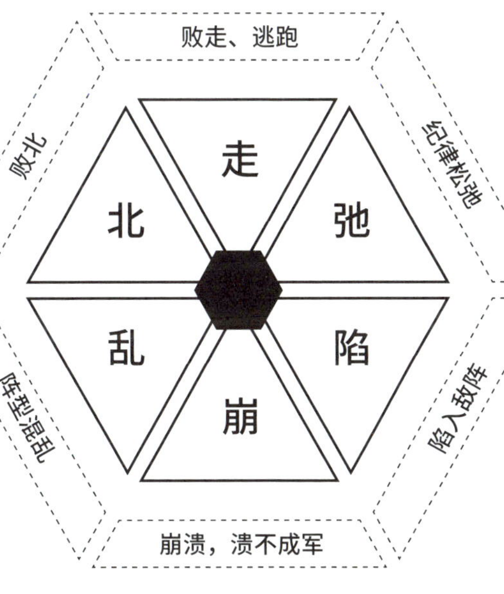

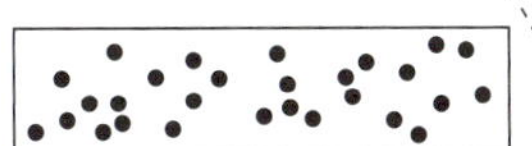

将弱不严，教道不明，吏卒无常，陈兵纵横，曰乱。

“乱”即阵型混乱

将帅懦弱无威严，管教不明，官兵自当无规无矩，排兵布阵混乱而无序。

吏强卒弱，曰陷。

“陷”即陷入敌阵

军官太强势，勇猛前冲，兵卒太软弱跟不上官吏的节奏，逢战必陷落。

大吏怒而不服，遇敌怼而自战，将不知其能，曰崩。

“崩”即崩溃，溃不成军

小将或偏将不服指挥调遣，遇敌擅自出兵作战，作为将帅，用人不当，组织定会崩溃。

凡此六者，非天地之灾，将之过也。

主观层面，打了败仗，怨天怨地。然而客观层面如孙子所讲的“非天地之灾，将之过也”，打了败仗，错不在天、不在地，错也不在兵，错在用兵之人的软硬无度，错在其自以为是等缺点。

凡此六者，败之道也，将之至任，不可不察也。

这六种情况都是很容易导致兵败的，“死生之地，存亡之道”，兵败国亡，国之大事啊！作为将帅不能不仔细研究。当然“人非圣贤，孰能无过”，有错就改，不怨天地，反求诸己为上，尽管这种机会只留给少数人。

55. 上将之道

曹操曰："欲战，审地形以立胜也。"

【原文】 夫地形者，兵之助也。料敌制胜，计险厄远近，上将之道也。知此而用战者必胜，不知此而用战者必败。故战道必胜，主曰无战，必战可也；战道不胜，主曰必战，无战可也。故进不求名，退不避罪，唯人是保，而利合于主，国之宝也。

【译文】 地形是可以帮助用兵作战的（兵为主，地为辅）。预料、判断敌情（知彼知己），计算研究"险厄远近"等六地（知地），以此来制定取胜的战略计划，这是将帅的责任与职责。懂得此道理的将帅去带兵作战，必然会胜利；不懂此道理的将帅带兵作战，必然会失败。依据战争规律与前线实际情况判断，如果是必然胜利的，尽管国君说不打，也要打。反过来讲国君说一定要打，也可以不去打（依时机而打）。所以发动战争不是谋求战胜的名声，战败或主张不战时不回避失利的罪责，只是一心想要保全百姓，且其所求符合国君利益的将领，才是国家最宝贵的财富。

【启示】 本章先讲"六地"，后讲"六败"。"夫地形者，兵之助也"，地形固然重要，也只是用兵的辅助手段，所以还是以兵为主。"六败"得注意，要时刻警惕这些因素的发生，兵是战争的主体，是"本钱"，不能有半点差错。地为辅助条件，所以"六地"得研究，不同的地形要分别采取不同的作战方针，这样既能最大化地发挥我方实力，又能最小化地降低"本钱"的损耗，即减少兵卒的损耗。所以知彼知己（对外料敌，对内了解自身能力，才能发挥自身能力）、知地（知六地，才能降低损耗），同时又能用于实战，"进不求名，退不避罪"，方为上将之道。

总结：知地，可带好兵；知兵，可借地而用。这话是对将帅说的，两手都得抓，两手都要硬——必胜。

上将之道

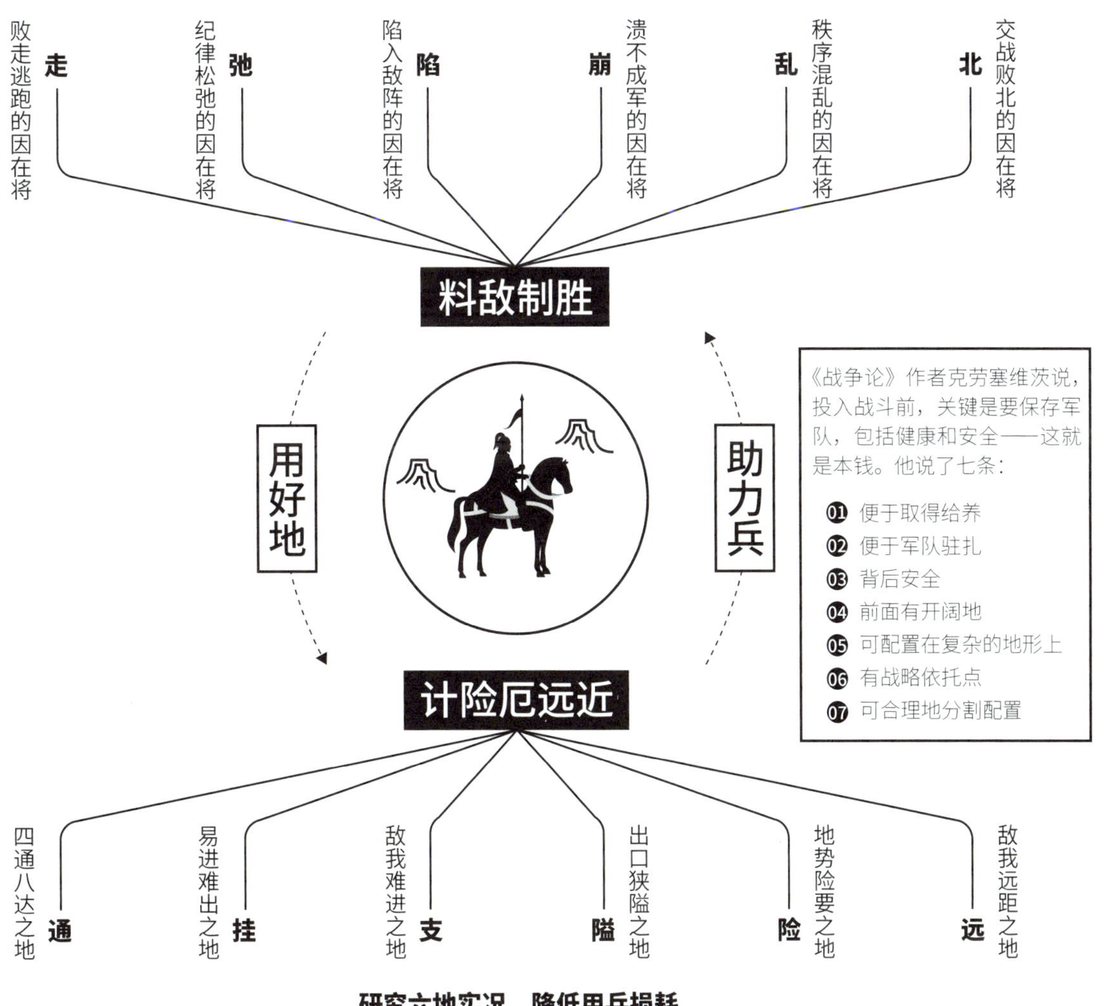
排除六败因素，预料判断敌情
时刻警惕这些败兵因素，保住“本钱”，即保住战争之主体，不容有差错。
走 败走逃跑的因在将
弛 纪律松弛的因在将
陷 陷入敌阵的因在将
崩 溃不成军的因在将
乱 秩序混乱的因在将
北 交战败北的因在将
料敌制胜
用好地
助力兵
计险厄远近
《战争论》作者克劳塞维茨说，投入战斗前，关键是要保存军队，包括健康和安全——这就是本钱。他说了七条：
01 便于取得给养
02 便于军队驻扎
03 背后安全
04 前面有开阔地
05 可配置在复杂的地形上
06 有战略依托点
07 可合理地分割配置
通 四通八达之地
挂 易进难出之地
支 敌我难进之地
隘 出口狭隘之地
险 地势险要之地
远 敌我远距之地
研究六地实况，降低用兵损耗
要研究并依据不同地形分别采取不同的作战方针，既有助于发挥实力，又能降低“本钱”的损耗。

56. 训练有素

曹操曰："欲战，审地形以立胜也。"

【原文】 视卒如婴儿，故可与之赴深溪；视卒如爱子，故可与之俱死。厚而不能使，爱而不能令，乱而不能治，譬若骄子，不可用也。

【译文】 对待兵卒如同婴儿，兵卒就可以同主帅一起奔赴险地；对待兵卒如自己的爱子，兵卒就可以同将帅一同拼命。如果仅仅是厚待他们而不去号令他们，爱护他们而不能指挥他们，他们违法乱纪了也不去管治，兵卒就如同被宠坏的孩子一样，是无法上战场作战的。

【启示】 《史记·孙子吴起列传》中有这么一则故事，战国时期卫国的军事家吴起早年学儒术于曾申门下，他与兵穿一样的衣服，吃一样的饭，行军也不骑马。其中有个士兵背上长了个疮，吴起用嘴给他吸脓。后来这些消息传回卫国，老百姓听了个个夸赞，唯独这位士兵的母亲听后大哭，为什么呢？士兵的母亲说："诸位有所不知，吴将军曾经给我孩子的父亲吸脓，我孩子的父亲上刀山、下火海为吴将军赴汤蹈火，最后被敌人杀了，现在又帮我的孩子吸脓，所以我大哭不止。"所以，"兵"啊，只爱护不行，要以用为目的，脱离此目的的兵，没用。

总结：带兵、带团队，积习成常（即长期坚持一种做法便成为习惯）可避风险。

训练有素

训练有素

训练有素的意思是说，平时、向来一直有严格的训练。

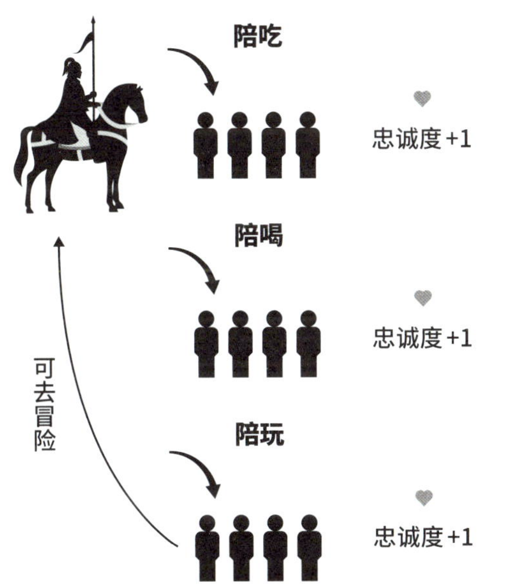

视卒如婴儿，故可与之赴深溪。

对待兵卒如同婴儿一样，从两方面讲，一方面是说将帅会同兵卒一起奔赴险地，另一方面是说，兵卒会听从将帅的指挥去奔赴危险之地。

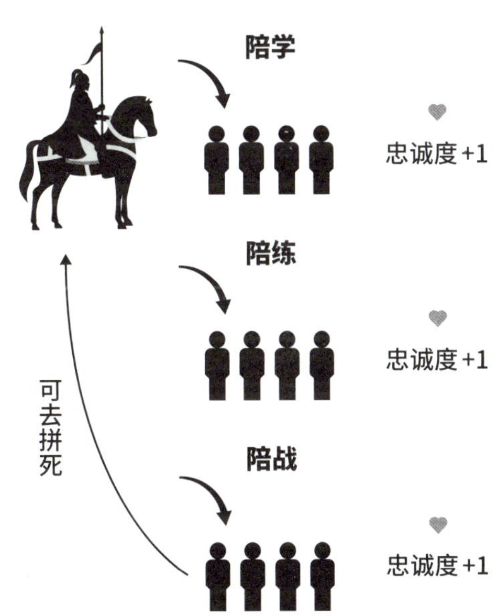

视卒如爱子，故可与之俱死。

对待兵卒如同自己的爱子一样，从两方面讲，一方面是说将帅带兵卒一起拼死，另一方面是说，兵卒会听从将帅的指挥去拼死。

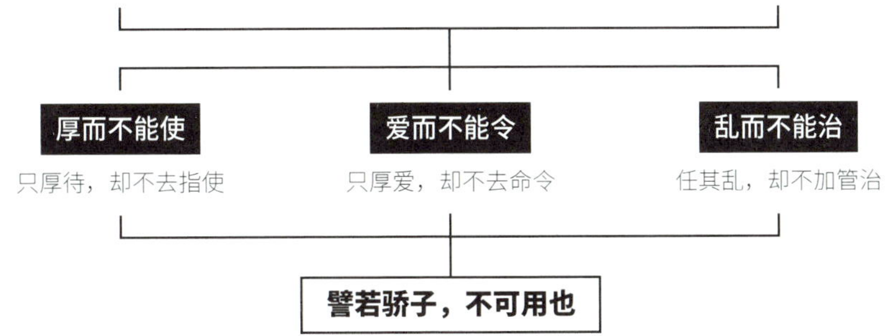

如娇生惯养、娇纵溺爱的孩子一样，是不能派去作战的。

57. 因天地人制宜

曹操曰："欲战，审地形以立胜也。"

【原文】 知吾卒之可以击，而不知敌之不可击，胜之半也；知敌之可击，而不知吾卒之不可以击，胜之半也；知敌之可击，知吾卒之可以击，而不知地形之不可以战，胜之半也。故知兵者，动而不迷，举而不穷。故曰：知彼知己，胜乃不殆；知天知地，胜乃可全。

【译文】 知道我军有能战之力，而不知道敌军不可攻击，胜负概率各半；知道敌军可以攻击，而不知道我军没有足够的战斗力，胜负概率各半；知道敌军可以攻击，知道我军有能战之力，而不知道地形对我方不利，胜负概率各半。因此，了解用兵规律的人，对每一次行动的获胜概率心中有数，策略的运用无穷尽。所以说：了解对方，了解己方，获胜就没有阻碍；懂得天时，懂得地利，获胜就有保障了。

【启示】 《周易·系辞》中说："有天道焉，有人道焉，有地道焉：兼三材而两之。"天、地、人，古人称为三才者。六爻卦中的体现是，自下而上分别为初爻、二爻为地，三爻、四爻为人，五爻、上爻为天。人在中间，人最重要，所以"知彼知己"是知人为主，"知天知地"为辅，辅助于人。用兵的规律，或者说用"人"的规律，客观知彼、知己是前提条件，属于"计算"的层面。而客观的知天、知地，才属于"用"的层面。知与用各一半，即各占50%，这与孔子说的"学而不思则罔，思而不学则殆"，王阳明说的"知行合一"，都是一个道理。有人说研究《孙子兵法》目的在于提升管理水平，其实范围太窄，我觉得无论你做什么行业，无论你是什么样的人，学《孙子兵法》都可以帮到你。

总结：客观地知彼、知己、知地、知天，才能客观地做出判断与决策，才能取得你想取得的成果。

因天地人制宜

50% 占天地彼己的¼

知吾卒之可以击，而不知敌之不可击，胜之半也。

知己不知彼

知道自己有能力打，而不了解敌人不可以打，胜率占50%。这里对应的是“知己不知彼”，这里的“知己”，实则是盲目的，自以为是的“知己”，反倒是不知己，有胜的概率，但多是靠运气。

50% 占天地彼己的¼

知敌之可击，而不知吾卒之不可以击，胜之半也。

知彼不知己

知道对方可打，而不了解自己有没有能力打，胜率占50%。这里对应的是“知彼不知己”，这里的“知彼”，也是盲目的，自认为的“知彼”，有胜的概率，但多是靠运气。

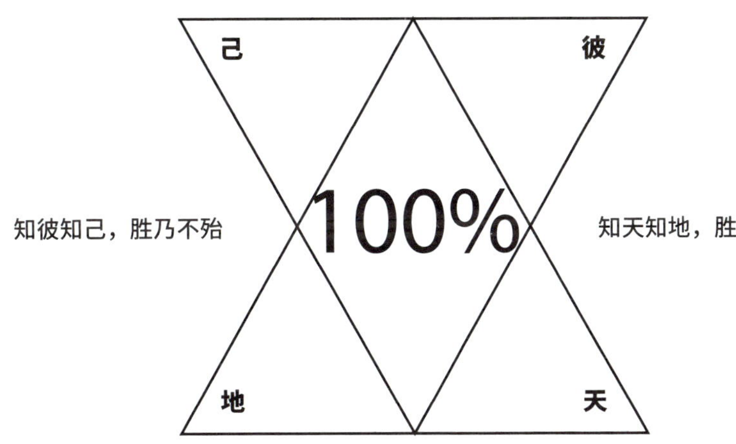

此段原文没有，并非“改造”原书，原书并没有讲“天”，此处仅作补充参考。

50% 占天地彼己的¼

知敌之可击，知吾卒之可以击，而不知地形之不可以战，胜之半也。

知彼知己，不知地形

知道对方可打，也知道我方有能力打，却不了解地形是不利于作战的，胜率占50%。

50% 占天地彼己的¼

知敌之可击，知吾卒之可以击，而不知天时之不可以战，胜之半也。

知彼知己，不知天时

知道对方可打，也知道我方有能力打，却不了解天时是不利于作战的，胜率占50%。

58. 九地之名

曹操曰："欲战之地有九。"

【原文】

孙子曰：用兵之法，有散地，有轻地，有争地，有交地，有衢地，有重地，有圮地，有围地，有死地。诸侯自战其地者，为散地。入人之地而不深者，为轻地。我得则利，彼得亦利者，为争地。我可以往，彼可以来者，为交地。诸侯之地三属，先至而得天下之众者，为衢地。入人之地深，背城邑多者，为重地。行山林、险阻、沮泽，凡难行之道者，为圮地。所由入者隘，所从归者迂，彼寡可以击吾之众者，为围地。疾战则存，不疾战则亡者，为死地。是故散地则无战，轻地则无止，争地则无攻，交地则无绝，衢地则合交，重地则掠，圮地则行，围地则谋，死地则战。

【译文】

孙子说，依用兵的一般规律，交战的地方可分为"散地""轻地""争地""交地""衢地""重地""圮地""围地""死地"。在本国作战的区域，为"散地"。进入对方境内不深的区域，为"轻地"。我先得到有利，对方先得到也有利的区域，为"争地"。我可以去，对方可以来的区域，为"交地"。处在多国交界处，谁先到谁可先结交盟友、获取助力的区域，为"衢地"。深入对方腹地，背后是对方的城镇的区域，为"重地"。山林、险阻、沼泽等难行进的区域，为"圮地"。入口狭隘，退则道路遥远，对方可轻松以少数击打我多数的区域，为"围地"。速战速决则能生存，反之则全军覆没的区域，为"死地"。所以"散地"不宜作战，"轻地"不宜停留，"争地"不宜强攻，"交地"要迅速通过不要掉队，"衢地"要加强外交及结交盟友，"重地"要就地获取补给，"圮地"要迅速通过，"围地"要用计谋求生，"死地"要拼死迎战。

【启示】

上述先讲九地之名，后讲身临九地之后有哪些解决方案。即先正名，后正其意，最后就其"名与意"倒推假设，这是角色互换，通过这种角色互换的手段来实现主观层面的"知彼"，这个过程便是"假设"。假设你的主观"知彼"为真，后可通过客观的数据去分析对方企图，包括知彼知己，包括对地利的认真研究，以及小范围实战演练去验证真与假，随后应用于实际。

总结：以果推因，假设行为A是为了实现目的B，围绕B，会发现A会有多种变化，守好B即可。

九地之名

01 散地

诸侯自战其地者，为散地。

在木国作战，主场作战，有顾虑，所以人心容易涣散。

› 解决方案：

是故散地则无战。

散地，不宜作战。

02 轻地

入人之地而不深者，为轻地。

进入对方境内不深的地方，人心不稳定，但较散地好一点。

› 解决方案：

轻地则无止。

不稳定，不宜停留。

03 争地

我得则利，彼得亦利者，为争地。

谁先占领，就对谁有利的区域。

› 解决方案：

争地则无攻。

遇则不强攻。

兵家必争之地：一是边境防御，多用于抵抗外部入侵，如山海关、函谷关等；二是中原内地，大多是攻占首都或大片疆域的必经之所，例如徐州、洛阳等。

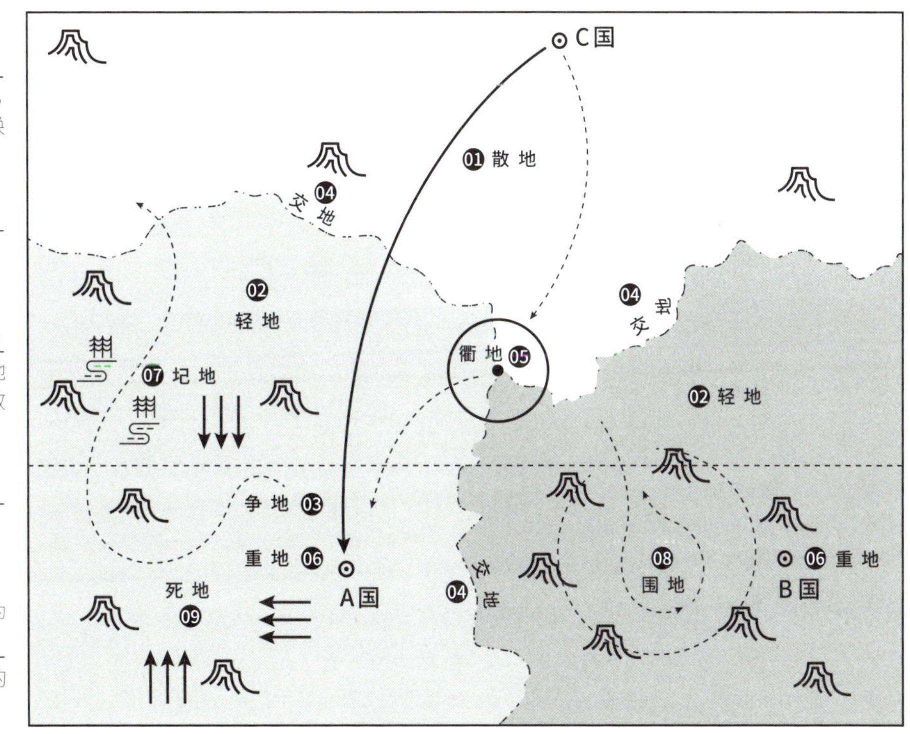

04 交地

我可以往，彼可以来者，为交地。

我可以去，敌也可以来，国与国交接地。

› 解决方案：

交地则无绝。

迅速通过，不要掉队。

05 衢地

诸侯之地三属，先至而得天下之众者，为衢地。

多国交界之地，先得可得天下之助力。

› 解决方案：

衢地则合交。

加强外交，结交盟友。

06 重地

入人之地深，背城邑多者，为重地。

进入敌国腹地，背后是对方的城镇。

› 解决方案：

重地则掠。

补给靠掠夺敌人城镇。

07 圮地

行山林、险阻、沮泽，凡难行之道者，为圮地。

难以通行的地区。

› 解决方案：

圮地则行。

遇则迅速通过。

08 围地

所由入者隘，所以归者迂，彼寡可以击吾之众者，为围地。

入口狭隘，出口绕远。对方以少数便可抗击我大部队。

› 解决方案：

围地则谋。

不能硬拼，要想办法。

09 死地

疾战则存，不疾战则亡者，为死地。

不迅速奋战就会被消灭的地方。

› 解决方案：

死地则战。

只能拼死作战。

59. 待敌之机

曹操曰："欲战之地有九。"

【原文】

所谓古之善用兵者，能使敌人前后不相及，众寡不相恃，贵贱不相救，上下不相收，卒离而不集，兵合而不齐。合于利而动，不合于利而止。敢问："敌众整而将来，待之若何？"曰："先夺其所爱，则听矣。"兵之情主速，乘人之不及，由不虞之道，攻其所不戒也。

【译文】

自古善于用兵的人，能使敌方前后不能连接，使敌方主、辅部队不能相互依靠，使敌方官与兵不能相互照应，使敌方上、下不能统属，使敌方兵卒离散分开而不能集合，即便是集合起来，也无法再统一行动。（瞅准时机）能造成有利于我的局面，立刻行动；反之不能造成利于我局面的行动，终止。有人问："假如敌军众多，并且队形严整而有序地向我进军而来，怎么应对呢？"我的回答是："抢先夺取对敌有利的各方面条件，使敌陷入被动，不得不被我方牵制。"用兵的法则以神速为第一，要抓住时机，打敌人一个措手不及，从敌人想不到的方向攻击敌人未加防备的地点，这才是高明的手段。

【启示】

本文开篇即"所谓古之善用兵者"，这是对自古以来战争的数据进行收集、整理，并提出了一系列由整理数据而得出的普遍规律性"报告"，报告如下：自古善于用兵的人，一则会切断敌前后关系，二则会切断敌主次关系，三则会切断敌官兵关系，四则会切断敌隶属关系，五则会切断敌聚合关系，六则会切断敌指挥关系。诸位可以想象一下，假如对方部队是一块"豆腐"，对其横切、纵切、斜切、平切等各种切块，将整块的对方部队切割拆分为更小的、独立的"块"，然后等待合适的时机出现。一旦出现，神速用兵即可实现趁人不备，让敌措手不及。同时还需要隐藏好，以迂为直，走敌人意料不到的路线，打其没有戒备的地方。

总结："先夺其所爱，则听矣。"夺其所爱，夺的是什么？夺的是可以去"切豆腐"的位置与视角。

待敌之机

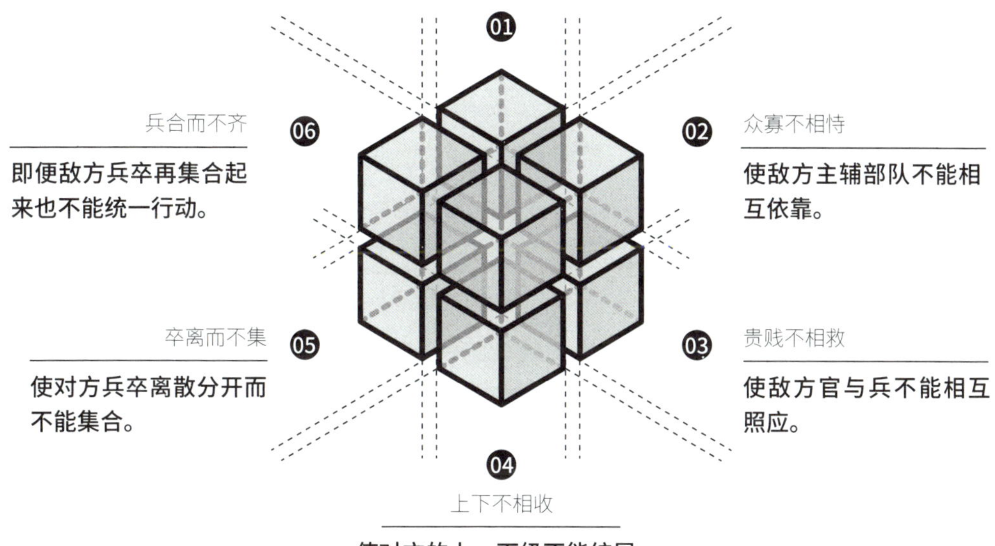

敢问："敌众整而将来，待之若何？"

假如敌军众多，且队形严整有序向我方进军，该怎么对付呢？

曰："先夺其所爱，则听矣。"

抢先夺取对敌有利的各方面条件，可使敌陷入被动，不得不受牵制。

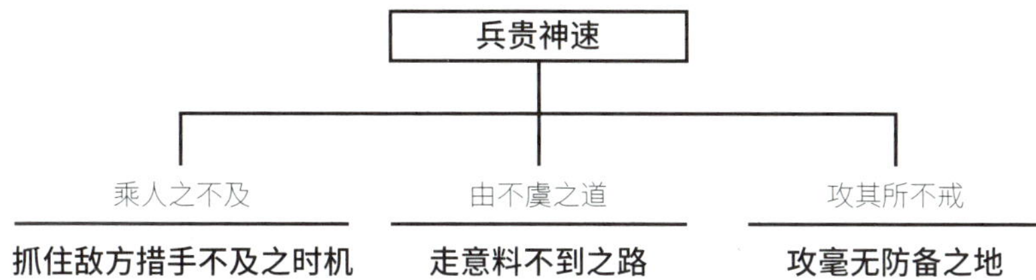

60. 绝地逢生

曹操曰："欲战之地有九。"

【原文】

凡为客之道，深入则专，主人不克；掠于饶野，三军足食；谨养而勿劳，并气积力，运兵计谋，为不可测。投之无所往，死且不北，死焉不得，士人尽力。兵士甚陷则不惧，无所往则固，深入则拘，不得已则斗。是故其兵不修而戒，不求而得，不约而亲，不令而信，禁祥去疑，至死无所之。吾士无余财，非恶货也；无余命，非恶寿也。令发之日，士卒坐者涕沾襟，偃卧者涕交颐。投之无所往者，诸、刿之勇也。

【译文】

深入敌境作战的基本原则：深入敌国境内，我方军心就要凝聚如一（无后路，必抱团），使敌无法攻克我方；在对方富饶的田野上掠取粮草（因粮于敌），使全军粮草有所保障（前提）；认真养练部队，而不疲劳消耗，同时保养精神，蓄积力量，然后调兵遣将，运筹帷幄，使敌无法揣测我方真实意图。将部队置于无路可走之地（死地），兵卒则只能拼死而不能败退（置之死地而后生），既然兵卒敢于拼死，全军上下就会拼尽全力而战。深陷危险境地就不会恐惧，无路可走，军心就会更稳固。越是深入敌境，军心越不会涣散，迫不得已时，也就只能拼死而战。因此，这种情况下的队伍，**不待整给，而自觉加强戒备；不待征求，而自觉下情上达；不待约束，而自觉亲密相助；不待申令，而自觉信守纪律（四个"不"，即无为而无不为）**。禁止妖言惑众，消除兵卒内心的疑虑困惑，那么兵卒至死也不会退缩。我方兵卒没有多余的财物，并非他们不爱财，而是只有轻装上阵才能获得生存的机会；没有贪生胆小的人，不是他们不想活命，而是只有不顾危险才能增加活命的机会。作战命令下达时，坐着的兵卒泪湿衣襟，躺着的泪流满面。一旦将他们置于无路可走的境地，他们会像专诸、曹刿一样勇敢。

【启示】

有时候，人的潜力是被逼出来的，现实生活中人人都自以为是完美的，但有时候受一次挫折就会有所成长，这种成长便是被逼出来的潜力。客观讲，当人类面对绝对的害怕，也就是面对死亡的时候，人性本能的自我保护、趋利避害就会被激发。俗语说，兔子急了还咬人，更何况是人呢？所以，《孙子兵法》不仅是兵家的一般规律，也是驾驭人性、研究人性的一般规律，因为战场无疑是人性暴露之地，以此可推导出很多的现实场景。

总结：成长需要学习、需要反思，有时需要经历昏天黑地，需要自己逼自己一把、两把、三把……

绝地逢生

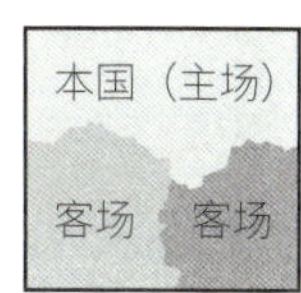

 深入则专，主人不克

侵入敌国境内，我方军心则必会凝聚如一（无后路，必抱团），使敌无法攻克我方。

专

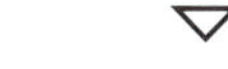 掠于饶野，三军足食

在对方富饶的田野上掠取粮草（因粮于敌），使全军粮草有所保障（前提）。

食

03 谨养而勿劳，并气积力

认真养练部队，而不疲劳消耗；保养精神，蓄积力量。

力

04 运兵计谋，为不可测

调兵遣将，运筹帷幄，使敌无法揣测我方真实意图。

谋

05 投之无所往，死且不北

将部队置于无路可走之地（死地），兵卒则只能拼死而不能败退（置之死地而后生）。

位

06 死焉不得，士人尽力

兵卒敢于拼死，全军上下就会拼尽全力而战。

07 兵士甚陷则不惧，无所往则固，深入则拘，不得已则斗。

深陷危险境地就不会恐惧，无路可走，军心就会更稳固。越是深入敌境，军心越不会涣散，迫不得已时，也就只能拼死而战。

08 是故其兵不修而戒，不求而得，不约而亲，不令而信。

这种情况下的队伍，不待整给，而自觉加强戒备；不待征求，而自觉下情上达；不待约束，而自觉亲密相助；不待申令，而自觉信守纪律（四个“不”，即无为而无不为）。

禁祥去疑，至死无所之。

禁止妖言惑众，消除兵卒内心的疑虑困惑，那么兵卒至死也不会退缩。

吾士无余财，非恶货也；无余命，非恶寿也。令发之日，士卒坐者涕沾襟，偃卧者涕交颐。投之无所往者，诸、刿之勇也。

春秋时期，吴王阖闾为了登上王位而指使专诸鱼腹藏剑杀死了吴王僚。曹刿，即说出名句“一鼓作气，再而衰，三而竭”者。此举二人，都是勇士。

61. 首尾俱至

曹操曰："欲战之地有九。"

【原文】

故善用兵者，譬如率然；率然者，常山之蛇也。击其首则尾至，击其尾则首至，击其中则首尾俱至。敢问："兵可使如率然乎？"曰："可。"夫吴人与越人相恶也，当其同舟而济，遇风，其相救也如左右手。是故方马埋轮，未足恃也；齐勇若一，政之道也；刚柔皆得，地之理也。故善用兵者，携手若使一人，不得已也。

【译文】

善于用兵的人，用兵如"率然"一样。"率然"是常山的一种蛇，打它的头，尾就会来救应，打它的尾，头就会来救应，击打它的中间部位，头尾都来救应。请问："用兵是否能像'率然'一样灵活？"答："可以。"（假设问题，并举例论证）说吴国人与越国人曾经是仇敌，但当他们同舟渡河遇到大风（共同的威胁）时，他们会相互救助对方，就如一个人的左右手一样协调。因此用拴住马匹、埋住车轮的办法稳住军心是靠不住的；要使三军一致、奋勇作战，将帅的领导要得法；要使三军强者、弱者都能发挥作用，地形利用要合适恰当。所以善于用兵的人，能使三军上下协同如一人，是因为他能造成军队不得不服从的情势。

【启示】

本文开篇举例，以对自然界动物的观察作为借喻的对象，提出假设性问题，即带兵打仗可以如蛇一样前后灵活照应吗？答案是可以的，那怎么做到呢？举例论证，吴越两国本是仇敌，但即使是有仇恨关系的人，遇到危险时都能协同作战，更何况一个团队的人。拴马、埋轮治标不治本，根上的问题没解决，只会适得其反。因此，带兵打仗要如蛇一样前后灵活照应，主要靠两点：首先是将帅的领导力问题，领导得法，才能促使军队上下协同如一人；其次，合理地运用环境条件，如此，无论强者还是弱者，都能发挥其最大的潜力。所以，善用兵者，具备领导力的将帅，很多时候是能让队伍"不得不"成为一人的。

总结：善用兵者，就是善于激发团队合作，并且让环境促使人们不得不紧密协作的人。

首尾俱至

善用兵者

01 兵卒同心要靠人和，上下协同（人和）

02 兵卒同力要靠地利，齐头并进（地利）

03 同心同力如若一人，创造东风（天时）

02

刚柔皆得地之理也

兵卒同力得地之利

地利

刚柔皆得，是指我方兵卒有强者、有弱者，要想让他们都能发挥实力、发挥作用，汇集成一股力量，必定要处于有利的地形之上，比如我居高地，向下俯冲敌人，力量就会汇集成势。

01

03

齐勇若一政之道也

兵卒同心得人之和

人和

齐勇若一，是指一起奋勇作战，如何一起奋勇作战呢？在于将帅的领导得法，即让兵卒同心，同心则人和，人和则可一起奋战。

携手若使一人不得已也

同心同力待造天时

天时

“东风”是什么？说吴国人与越国人曾是仇敌，但当他们同舟渡河遇到大风时，他们会相互救助对方。“东风”即这里的大风促使他们团结互助。本文特指，只有将兵卒置于不得已的境地，才能迫使他们彻底地合二为一。当将帅的应最了解这个环境因素。

“率然”这种蛇之所以能顾头顾尾，前提在于其是一个完整的整体，对于人，则需要三个维度的和谐。

第一维度：天时层

第二维度：人和层

第三维度：地利层

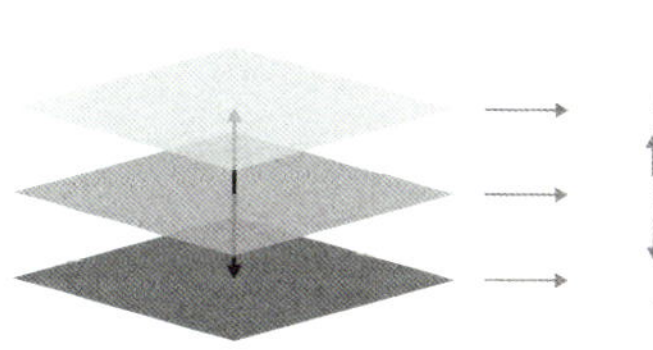

天时

地利

人和

人要了解天时、利用天时，要借用地形之利，要编制好队伍，上下齐心，则可使如一人。

62. 用兵诀窍

曹操曰：“欲战之地有九。”

【原文】

将军之事，静以幽，正以治。能愚士卒之耳目，使之无知。易其事，革其谋，使人无识；易其居，迂其途，使人不得虑。帅与之期，如登高而去其梯。帅与之深入诸侯之地，而发其机，焚舟破釜，若驱群羊，驱而往，驱而来，莫知所之。聚三军之众，投之于险，此谓将军之事也。九地之变，屈伸之利，人情之理，不可不察。

【译文】

将军统帅军队，要沉着冷静而幽深莫测，公正严明而有条不紊。能蒙蔽士卒们的耳目，使他们对军事行动不甚清楚（本句有很多种解释，就战争而言，体现的是保密工作的重要性，所以“愚”士卒，并非欺骗大家；使之“无知”，也非使之愚昧，“无知”与“愚”是以战争保密为目的的。让敌人无法判断我方的军事策略）。不断变更作战行动，不断更新作战计划，使士卒无法识破将帅的意图；不断变换驻地，不断变更行军路线，使士卒无法推测将帅的意图。将帅下达的命令，要像登高后抽走梯子，让士卒没有任何退路。率军进入敌境腹地，尽力捕捉战机，适时发起攻势，让兵卒们烧船、打破饭锅，像是驱赶羊群（比喻在无后路的情况下，兵卒只能依赖于将帅的指挥），赶过来，赶过去，不用知道要到哪里去。汇聚全军，将士卒们置于危险境地（不得不拼命），断去他们的退路，此为当将军要做的事。对于不同地形的灵活运用、攻守进退的利害关系，以及士卒在不同环境下的心理变化，做将帅的，不能不仔细研究。

【启示】

由于战场中不确定性因素太多，变幻莫测，因此很多时候迫不得已要置人于无退路之地。本章提出“静以幽，正以治”，一体两面，一则保密工作做得好，做得牢，就会破除对方的“知彼”行为；二则保密工作不能一直密而不说，要待时机出现，什么时候说最合适呢？人和、地利齐了，只差天时了，将帅就要“发其机”了，告诉大家此时此地，我们在何方，我们是什么情况，都要说，这样才能三者合一（当然，这种举动也被当成了“工具论”，就是说士卒不过都是棋子、都是工具的说法）。“若驱羊群”也仅仅是在大势面前的一种比喻，人都想保命，唯独赢了才能活下去，此时此刻唯独听将帅的指挥才能活下去，这是唯一的“稻草”。

总结：静能至幽，让别人猜不透你，你稳若磐石，团队也会稳定下来。正能致治，管理才有秩序。

用兵诀窍

静以幽

谋事静则不挠，幽则不测，无声无息，闷声做事。幽深难测，人不能知。

→

正以治

御下平正无偏，就是公正，故能致治，人人都有敬畏之心，上上下下很有秩序，不敢怠慢。

“静以幽”是看到的“象”，将帅做事缜密严谨，自然得人之信任。但可真可假，所以还得看他怎么做，“正以治”是看其行为，做事平正无偏，公正严明，那么自然能让军中上下整肃有方。

能愚士卒之耳目，使之无知

遮蔽士卒耳目，使其无所知原因有二：

01 曾国藩说“谋可寡而不可众”，谋未熟，不能说；02 隐藏作战意图，防止机密泄漏

具体手段

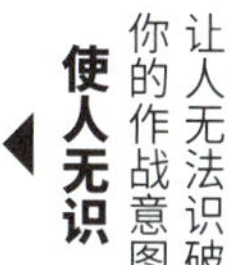

使人无识 让人无法识破你的作战意图

01 **易其事** 不断变换作战行动

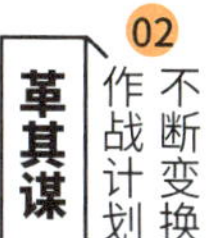

02 **革其谋** 不断变换作战计划

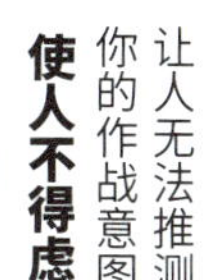

使人不得虑 让人无法推测你的作战意图

03 **易其居** 不断变换行军驻地

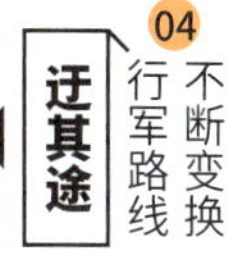

04 **迂其途** 不断变换行军路线

机会未到

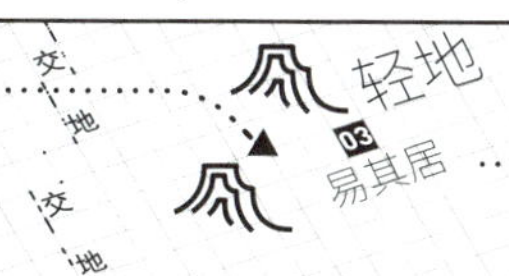

时机成熟才能说，具体是什么时候呢？

05 时间：像登高后抽走梯子一样，即无路可退只能进的时候　06 地点：率军进入敌境腹地的位置

这两个条件满足了，士卒们烧船、打破饭锅准备拼死一战了，军队犹如羊群一般，将帅让往西走，决不往东走，让往东走，也决不往西走，让打哪儿就打哪儿，完全听从指挥。

63. 御兵之术

曹操曰："欲战之地有九。"

【原文】

凡为客之道：深则专，浅则散。去国越境而师者，绝地也；四达者，衢地也；入深者，重地也；入浅者，轻地也；背固前隘者，围地也；无所往者，死地也。是故散地，吾将一其志；轻地，吾将使之属；争地，吾将趋其后；交地，吾将谨其守；衢地，吾将固其结；重地，吾将继其食；圮地，吾将进其涂；围地，吾将塞其阙；死地，吾将示之以不活。故兵之情：围则御，不得已则斗，过则从。

【译文】

进入敌国作战的一般规律：进入敌境越深，军心越稳固，进入越浅，军心越容易涣散。离开本国，去边境之外作战，即进入绝地；四通八达之地为衢地；进入敌境深远的地方为重地；进入敌境不远的为轻地；背靠险固、前路狭窄之地为围地；无路可走之地为死地。因此，散地应使军队心志专一（上文为"无战"）；轻地应使军队连续跟上（上文为"无止"，不要停）；争地应使军队绕到后方打（上文为"无攻"，是不从正面打）；交地应谨慎防守（上文为"无绝"，即道路通畅）；衢地应巩固加强与邻国关系（上文为"合交"，即外交）；重地应补充军粮（上文为"掠"，就地抢掠粮草）；圮地应使军队迅速通过（上文为"行"，尽快离开）；围地应堵塞缺口，拼死一战（上文为"谋"，强调动脑）；死地应使军队拼死作战，不战则坐以待毙（上文为"战"，强调拼死一战）。兵卒的心理变化：被包围就会合力抵抗，迫不得已就会战斗，陷入非常危险的境地就会完全听从指挥了。

【启示】

本文与九地篇开头文字多有重复，这种重复，一则是视角有所不同；二则是有强调的意思。"兵之情：围则御，不得已则斗，过则从"，兵卒的心理变化，是当将军的不可不察的一个非常重要的层面，它决定了一场战役的胜败，甚至一个国家的存在与否。在如今的职场中，我们团队中成员的心态，也是不可忽略的，因为错误的导向，也会让一个企业陷入危机。此处孙武先论实战，从而倒推兵卒心理，并总结归纳了御兵之术的一般规律，即被包围了，必定会合力抵抗；迫不得已了，必定会拧成一股绳；陷入非常危险的境地了，就会完全听从指挥。作者的主张非常明确，即必须要把兵卒逼到非常危险的境地，他们才能拼命。就个人成长而言，我们一生需要经历很多的挫折与困难，逼到一定程度才能有所觉悟，有所成长，前提是我们务必保持乐观的心态，保持终身学习的习惯，保持思考的能力。

总结：很多时候我们受制于人性弱点，懒得去拼，所以凡是你凭运气得到的，最终会凭实力还回去！

御兵之术

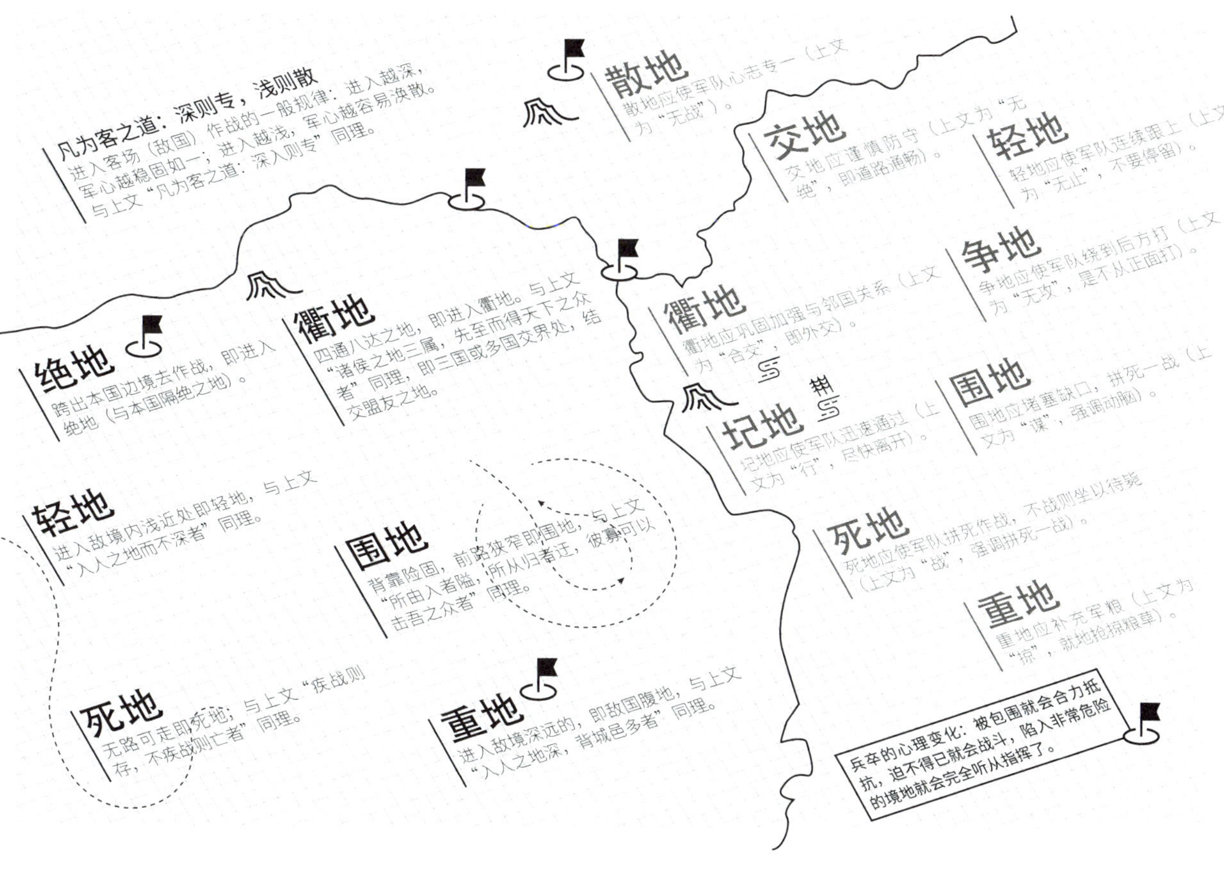
凡为客之道：深则专，浅则散
进入客场（敌国）作战的一般规律：进入越深，军心越稳固如一；进入越浅，军心越容易涣散。与上文“凡为客之道：深入则专”同理。
散地
散地应使军队心志专一（上文为“无战”）。
交地
交地应谨慎防守（上文为“无绝”，即道路通畅）。
轻地
轻地应使军队连续跟上（上文为“无止”，不要停留）。
绝地
跨出本国边境去作战，即进入绝地（与本国隔绝之地）。
衢地
四通八达之地，即进入衢地。与上文“诸侯之地三属，先至而得天下之众者”同理，即三国或多国交界处，结交盟友之地。
衢地
衢地应巩固加强与邻国关系（上文为“合交”，即外交）。
争地
争地应使军队绕到后方打（上文为“无攻”，是不从正面打）。
圮地
圮地应使军队迅速通过（上文为“行”，尽快离开）。
围地
围地应堵塞缺口，拼死一战（上文为“谋”，强调动脑）。
轻地
进入敌境内浅近处即轻地，与上文“入人之地而不深者”同理。
围地
背靠险固，前路狭窄即围地，与上文“所由入者隘，所从归者迂，彼寡可以击吾之众者”同理。
死地
死地应使军队拼死作战，不战则坐以待毙（上文为“战”，强调拼死一战）。
重地
重地应补充军粮（上文为“掠”，就地抢掠粮草）。
死地
无路可走即死地，与上文“疾战则存，不疾战则亡者”同理。
重地
进入敌境深远的，即敌国腹地，与上文“入人之地深，背城邑多者”同理。
兵卒的心理变化：被包围就会合力抵抗，迫不得已就会战斗，陷入非常危险的境地就会完全听从指挥了。

64. 霸王之兵

曹操曰："欲战之地有九。"

【原文】

是故不知诸侯之谋者，不能预交；不知山林、险阻、沮泽之形者，不能行军；不用乡导者，不能得地利。四五者，不知一，非霸王之兵也。夫霸王之兵，伐大国，则其众不得聚；威加于敌，则其交不得合。是故不争天下之交，不养天下之权，信己之私，威加于敌，故其城可拔，其国可隳。

【译文】

"是故不知诸侯之谋者，不能预交；不知山林、险阻、沮泽之形者，不能行军；不用乡导者，不能得地利。"与军争篇相关文字重复，这里做再次引用。不了解各国的政治预谋，就没办法提前做好外交工作；不了解山川丛林、悬崖峭壁、盐碱沼泽等地形，就没办法行军；不懂得用向导（当地人、引路人），就没办法借用地形之利。以上这几个方面的问题，有一项不了解，不能算作是霸王的军队。霸王之军，就是攻伐强大的国家时，其民众与军队都来不及集结；以强大的兵威压制威慑敌人，就能使其与他国的外交失败。因此不用争与其他国家结交，也不用培养他国势力，只要多多施恩于自己的百姓，威慑压制敌人，就可拔其城池、毁其国都。

【启示】

"打铁还需自身硬"，要想战略威慑对方，首先要有战略威慑他人的实力，这是最基础的条件。《孙子兵法》告诉我们，如果一个人不了解对手，就不要安排他去谈判；如果一个人不了解各个渠道、平台优势和劣势，不能把队伍交给他；如果一个人不了解如何因地制宜，不能把公司交给他运营。这些都是所谓的基础条件，缺一不可，缺一就不具备最基础的战斗实力。所以"先为不可胜，以待敌之可胜"，自身成长无论何时都是有必要的，尽管学习成长是一件劳累的事，但逆水行舟，不进则退。生活、工作中，所有的成功都离不开自身实力，提高自己的核心实力才是成功的关键。

总结：逆水行舟，不进则退，提高自己的核心实力是最基础的条件。

霸王之兵

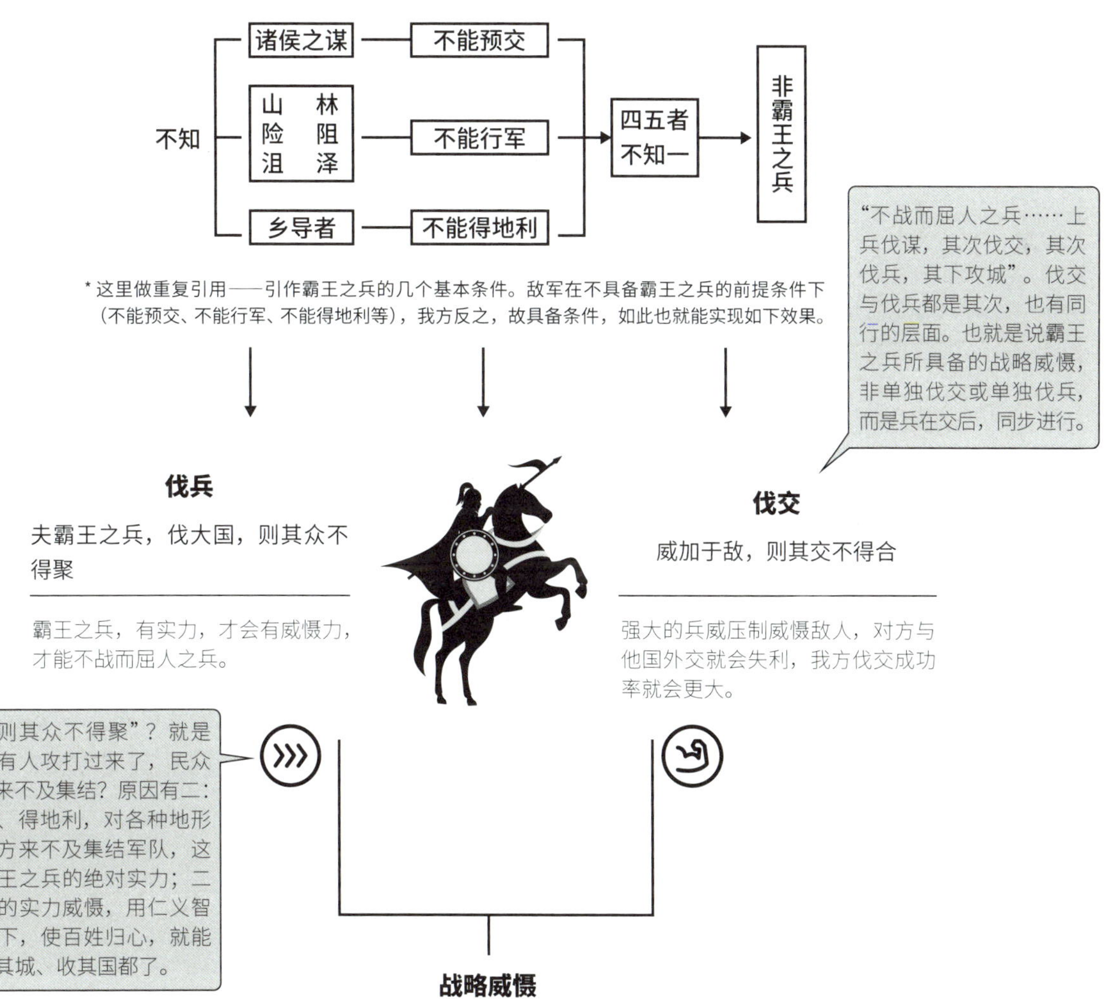

是故不争天下之交，不养天下之权，信己之私，威加于敌，故其城可拔，其国可隳。

65. 置之死地

曹操曰："欲战之地有九。"

【原文】 施无法之赏，悬无政之令，犯三军之众，若使一人。犯之以事，勿告以言；犯之以利，勿告以害。投之亡地然后存，陷之死地然后生。夫众陷于害，然后能为胜败。

【译文】 施行破常规的奖赏，颁布破常规的号令，率驱三军就会如同指挥一个人一样。对待兵卒，靠做而不靠说；对待兵卒，讲有利的而不讲不利的。作战时把军队投入危亡之地，那么军队（因为拧成一股绳了）就可以存续下来；处于死地之后，军队（因为人人都想存活下来，不得不拼命）反而能舍命奋战以求生。军队只有陷入危险的境地，才能主动拼杀以求胜。

【启示】 "施无法之赏，悬无政之令"，无法和无政，即不需要约束、不需要号令，完全开启自动化模式，这是人性本能（求生）驱使系统自动化，每个人如小齿轮一样自动运转，并带动了大齿轮的转动，即形成大势。那么是什么原因导致自动化模式开启的呢？有个开关，这个开关就是本篇篇题"九地"。怎么讲？九地就是九种地形，当将军的观其形就可知如何借其势，正确借势，小齿轮就开始自动化。比如我在高地，你在洼地，我向你冲去，是不得不冲，地势摆在那儿，小齿轮就开始被动自动化。大家伙儿都想活命，顺势你吆喝，他吆喝，我吆喝，气势就起来了，一股劲向前冲，大齿轮的势能就开始变强，大齿轮势能变强，凝聚力变强，如同滚雪球一样，越滚越大，越大越滚。

总结：从正面看将军置部队于危险之中有哄骗之意，从反面看则是最大化提升部队存活率的绝招。

置之死地

施无法之赏，悬无政之令，犯三军之众，若使一人。

合适的奖赏与号令均来自九地本身的势，合适地利用地利之势，即合适地利用地形的约束，促使三军主动加被动，拧成一股绳。

犯之以事，勿告以言

靠做不靠说，当将帅的少说多做，部下兵卒才会信任你，光说不练，只会动嘴，没有行动，没人会同你去拼命。

犯之以利，勿告以害

当将帅的，还得会哄自己的部下兵卒，只说好的，不说不好的，有点报喜不报忧的意思，当然这种哄骗，目的是打胜仗。

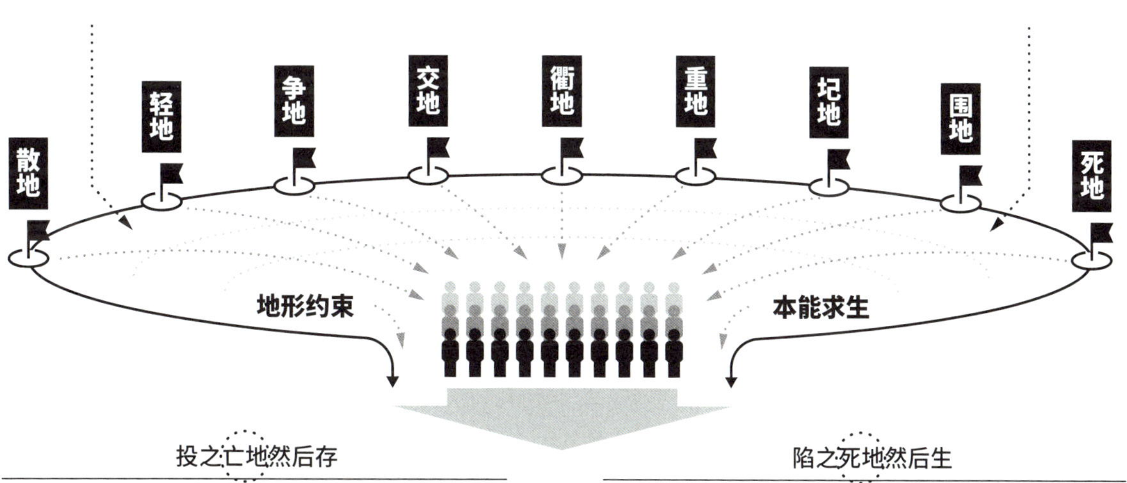

投之亡地然后存

把部下兵卒投置于最危险的地方，兵卒才能存活下来，因为大家都在为自保求生而战。

陷之死地然后生

使部下兵卒陷置于死地，兵卒因求活命，置之死地而后生，也是不得不为自保求生而战。

夫众陷于害，然后能为胜败。

66. 为兵之事

曹操曰："欲战之地有九。"

【原文】

故为兵之事，在于顺详敌之意，并敌一向，千里杀将，此谓巧能成事者也。是故政举之日，夷关折符，无通其使，厉于廊庙之上，以诛其事。敌人开阖，必亟入之。先其所爱，微与之期。践墨随敌，以决战事。是故始如处女，敌人开户，后如脱兔，敌不及拒。

【译文】

广义地讲领兵作战，在于谨慎考察研究对方意图（确定其目的地），尾随对方与其同行（等待时机），（时机来了）突然冲出杀掉对方将帅，出其不意去进攻，哪怕奔袭千里也必然可斩杀敌人，这就是所谓巧妙能成大事了。当准备战争行动时，应封锁关口，销毁往来通行证件，断绝两国使者的往来，在庙堂计算谋划，做出战略决策。对方出现可乘之隙，定要迅速乘机而入。首先夺取对方的战略要地，切记不要轻易地与对方约期决战（变化无常），实施作战计划时（如木匠按墨斗画出的线来锯木头），一定要随敌情的变化而灵活调动，以此来决定具体的行动方针。因此开战如处女般柔弱沉静，使对方放松戒备；随后如脱兔般迅速突袭，使对方猝不及防，来不及抵抗。

【启示】

广义讲领兵作战，一会"藏"，二会"显"，"藏"又分明处的藏和暗处的藏；"藏"中有"显"，"显"中有"藏"，两者是整体的一体两面。本文介绍了三个基本原则，一是做好保密工作，谋定而后动；二是原则问题，原则不是死的，是随变化而变化的，不要拘泥；三是兵贵神速。凡事也如此，在你不了解对方的真实企图、不了解对方的弱点时，先把自己隐藏起来。隐藏后有两个方向可以选择，一是在明处，比如顺从对手行事，让对手逞强、骄傲，等其懈怠；二是在暗处，暗中跟踪调查，两者目的是相同的，都在于掌握对方真实意图，待机而动。所以两个要求，一会"藏"，二会"显"。"藏"需要手段，"显"需要时机。至此，九地篇结束。

总结：规律并非一成不变，而是时刻在变化，所以谋要谨慎，随机应变，动则兵贵神速。

为兵之事

这里分三种情况：一是观察对方有无变化或有细微变化，是否可以按原计划进行；二是观察到对方变化较大时，要根据其变化修改我方原有计划；三是对方发生根本变化，重新做战略调整。

为兵之事，在于顺详敌之意，并敌一向，千里杀将，此谓巧能成事者也。

广义讲领兵作战，一会"藏"，二会"显"，"藏"又分明处的藏和暗处的藏；"显"就是机会来了，该显则显，要面对面决战了。

是故政举之日，夷关折符，无通其使，厉于廊庙之上，以诛其事。

当准备决战时，关口要封锁，[01]往来通行证件要销毁，[02]断绝敌国使者的往来，[03]并计于庙堂之上，作出战略决策。以上是对决策信息的保密工作。

藏

决策期的保密工作——决策的"藏"

敌人开阖，必亟入之。

对方出现可乘之隙，定要迅速乘机而入。[04]

先其所爱，微与之期。践墨随敌，以决战事。

先夺取对方的战略要地，[05]切记不要轻易地与对方约期决战（变化无常），实施作战计划时，一定要随敌情的变化而灵活调动，[06]以此来决定具体的行动方针。

藏 + 显

明中观察，这属于明处的"藏"，且"显"中有"藏"

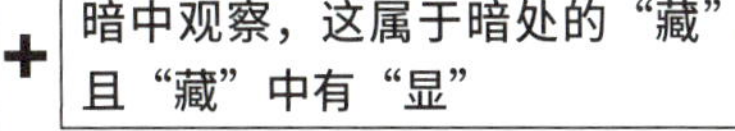

是故始如处女，敌人开户，后如脱兔，敌不及拒。

总结比喻"藏"与"显"，"藏"如处女般柔弱、沉静，对方自然没有戒备。"显"如逃脱的兔子般敏捷、迅速，使对方猝不及防。

67. 五火之名

曹操曰："以火攻人，当择时日也。"

【原文】 孙子曰：凡火攻有五：一曰火人，二曰火积，三曰火辎，四曰火库，五曰火队。行火必有因，烟火必素具。发火有时，起火有日。时者，天之燥也；日者，月在箕、壁、翼、轸也。凡此四宿者，风起之日也。

【译文】 孙子说火攻有五种：一是火烧对方人马营寨；二是火烧对方粮草；三是火烧对方的辎重；四是火烧对方武器储备库；五是火烧对方交通要道等设施。实施火攻必须满足相应的条件，点火的器具平时就要准备着。点火要分季节（天时），起火要分日子。天时即干旱的季节；日子即月亮运行至箕、壁、翼、轸四星的位置，月亮到达此四星宿的日子，即有风的日子。

【启示】 《孙子兵法》揭示了作者对于自然力量的洞察与运用，地形是其一，讲得最多。另一种力量则是火（包括风），火在战争中的应用相对于水来讲杀伤力更大、更便捷，著名的案例如三国赤壁之战、火烧连营等。但火的运用依赖于天时，有局限性，比如雨雪天不利于火攻，而大风天特别适合火攻，同时需要注意要占据上风。在我们的生活、工作中，借用外部力量是必不可少的，借用外力贵在一个"巧"，不是什么外力都能借，也不是什么人都能去借外力。大部分人理解，只要在风口上，再笨的人都能飞。我认为其实并不是这样，你忽略了自身的能力，简单讲，这需要满足三个基本条件：一是你底子够扎实，二是你能看到风口，三是你能走到风口这个位置。就个体而言，即便具备强大的力量，但是孤军奋战也是难以成功的。曾国藩强不强？很强，但是如果没有其麾下的十大猛将，也难有所成。客观来讲，前提条件是你自身底子够硬，有很强的实力，自然会吸引有实力的人帮你。

总结：火是工具，我们身边"一切"都是，有了这种思维，会更好地理解合适的时候做合适的事。

五火之名

凡火攻有五：一曰火人，二曰火积，三曰火辎，四曰火库，五曰火队。

五火之名，依重要性排序，首先火烧对方兵卒；其次烧其粮草；其再次是辎重、武器库、交通要道等。

行火必有因，烟火必素具。

因为古代生火比较烦琐，所以发动火攻前，这些必要的器具都需要提前准备好，否则临阵钻木取火就麻烦了。

01 火箭、火镰、火杏等器具
02 火禽、火兽（火牛阵）、火兵等执行者
03 火盗，也就是潜入敌营放火的奸细

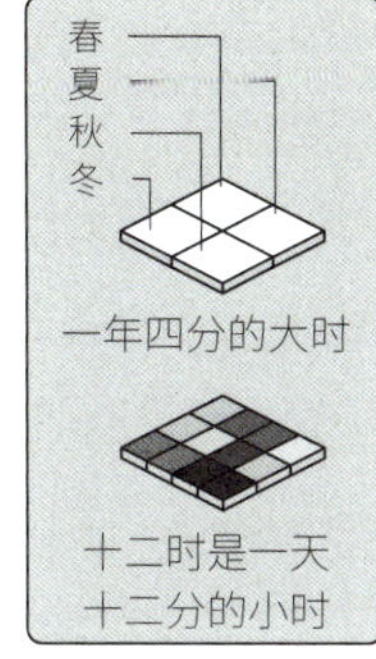

发火有时，起火有日。时者，天之燥也；日者，月在箕、壁、翼、轸也。

“时”指四季，即一年四分的大时，十二时是一天十二分的小时。“日”即日子，是记录月亮运行的具体位置（二十八星宿中的星宿位），月亮到了这四个位置时为起风的日子。这是古代人们记录“风角”的标准，风角即现代的军事气象学。

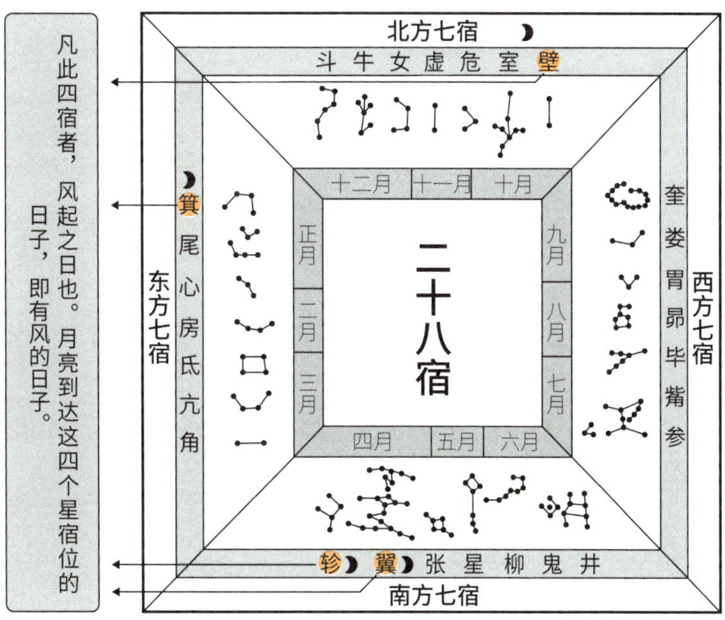

68. 火攻五用

曹操曰："以火攻人，当择时日也。"

【原文】

凡火攻，必因五火之变而应之。火发于内，则早应之于外。火发兵静者，待而勿攻，极其火力，可从而从之，不可从而止。火可发于外，无待于内，以时发之。火发上风，无攻下风。昼风久，夜风止。凡军必知有五火之变，以数守之。故以火佐攻者明，以水佐攻者强；水可以绝，不可以夺。

【译文】

火攻，必因五种火攻所引起的变化，拿出相应的对策。一是若从对方内部放火（火盗），应尽早先派兵从外部策应。二是若火已经烧起，敌兵仍然保持镇静，应等待观察不要进攻（防止有埋伏）。待火势最旺时，可进攻就进攻，不可进攻就停止。三是若从对方外围放火，不用等待内应，依时机放火就可。四是若火从上风头放，不能从下风头进攻。五是白天风刮久了，晚上风就会停下来（放火的时间）。领军作战必须要了解这五种火攻之法，并以合适的时机去应用。因此用火来辅助进攻的人是高明的，以水来辅助进攻的人是强大的。水可以有效阻隔敌人，却不如火攻那样可以直接杀伤敌人，削弱敌军的实力。

【启示】

《易经》的第一原则为"变易"，即"识变"的过程，世间万事万物都在发展变化中。一切都在过，一切都在变。在当今生活、工作中，时机都是留给有准备的人，因此，要增强自己的实力，抓住机会，迎接挑战。时机就如同一直在移动的两三个点，当它们碰撞在一起时，就是合适的时机。以数守之，数就是变化的规律，这里指气象变化的规律，以此来等待火攻的合适时机。

总结：世间万物变化都有其规律，只要等待时机，前提是你已经准备好了将要去做的事。

火攻五用

凡火攻，必因五火之变而应之。

五火之变与九地之变一样，都是随着情况的变化而变化，并拿出相应的对策来应对这些变化。

情况		对策
从内部点火	01 火发于内，则早应之于外。 前文讲过"行火必有因，烟火必素具"。火盗，是其中一种，即潜伏在对方阵营中放火的人，里应外合，目标清晰，没有其他顾虑。	内 外 应先派兵在外部策应
火烧而敌兵镇静	02 火发兵静者，待而勿攻，极其火力，可从而从之，不可从而止。 火烧眉毛了，对方竟然还能很镇静，小心眼睛看不到或忽略的地方会有埋伏，此时的目标并不清晰，要仔细观察周围情况，随时调整应战策略。火烧了半天了，四周也仔细考察过没有埋伏了，该进攻就进攻；如果考察周围有埋伏就不必进攻，及时调整应战策略。	监视 能攻则攻，不能攻不攻
从外部点火	03 火可发于外，无待于内，以时发之。 可以从对方外围放火，就不用等待内应，"以时"即根据时机放火，下文中还有根据上下风头、昼夜时间放火的情况。	风 依时机放火
我方 敌人从上风头放火	04 火发上风，无攻下风。 放火要在上风头，火借风力，风助长了火势的增长，反过来在下风头，会伤及自身。这是交代放火位置。	不可 不能从下风头进攻
白天刮风若久	05 昼风久，夜风止。 白天风刮得久，晚上就会停止。这里交代的是用火攻的合适的时间。	晚上就不要打算放火

夺 火　绝 水

凡军必知有五火之变，以数守之。故以火佐攻者明，以水佐攻者强；水可以绝，不可以夺。

战争用火比较普遍，在合适的时机，合理地应用。水攻的作用在于隔绝分离对方，却不能直接杀伤对方。

69. 心火之火

曹操曰："以火攻人，当择时日也。"

【原文】 夫战胜攻取，而不修其功者凶，命曰费留。故曰：明主虑之，良将修之。非利不动，非得不用，非危不战。主不可以怒而兴师，将不可以愠而致战。合于利而动，不合于利而止。怒可以复喜，愠可以复悦，亡国不可以复存，死者不可以复生。故明君慎之，良将警之，此安国全军之道也。

【译文】 夺取战争胜利并攻取城邑后却不去巩固成果就会陷入危险，这种蛮干行为就是白费力气。所以说：明智的君主要慎重考虑此事，贤良将帅要认真研究此事。于国无利不轻举妄动，没有必胜的把握不用兵，不到万不得已不开战。君主不可因一时之怒而发动战争，将帅不可因一时气愤而出阵应战。对国家有利才会行动，对国家不利则不行动。愤怒还能恢复到开心，气愤还能恢复到喜悦，国亡就不能再复存，人亡就不能再复活。所以明智的君主要谨慎看待，贤良将帅要多加警惕，此为国家安定、军队保全的关键。

【启示】 火攻篇讲火，我将本篇分为两部分，第一部分讲五种情况下的五种对策（五火之名），讲火的一般用法及利害（火攻五用），偏向于"外"或者"术"。第二部分则偏向于"内"或者"道"，也就是说火攻除了外在的火，还有内在的火，如"心火""怒火"，战场虽然需要"心火""怒火"，但对于君王、将帅来说，这"心火""怒火"则为大忌，很容易坏事。第一部分通过模仿、练习都可以很好地实现，第二部分想要实现就难了，百般激你而不怒，说明你没有弱点（没有弱点也是弱点），不容易犯错，对方就没办法下手。"先为不可胜，以待敌之可胜"，是消除自己的弱点，不给敌人留下可钻的空子，同时等待敌人犯错误或制造让敌犯错的因素，详细可参考兵势篇中的相关内容（见本书48页）。一外一内，两把火，作者一再警告君王、将帅要谨慎"用火"，另外又一再嘱咐内外两把都能灭，灭了虽然还能再次点燃，但人没了，国没了，不可复。

总结：冲动是魔鬼，冲动下所有的决策都不能称为决策，"不合利则止"，该停则停，且行且谨慎。

心火之火

夫战胜攻取，而不修其功者凶，命曰费留。

“修其功”是由武治向文治转化的过程，比如你夺得一块土地，你得重新开垦、重新播种。不开垦、不播种，没人管理就会有人来搞破坏，费神费力、费钱费时，劳民又伤财，这种浪费国家资源的行为就是“费留”。

费留

注意1

故曰：明主虑之，良将修之。非利不动，非得不用，非危不战。

明智的君主、贤良的将帅要慎重考虑、认真研究此事。“非利不动”即前文所讲的“兵以利动”，于国无利不轻举妄动，没有必胜的把握不用兵，不到万不得已不开战。

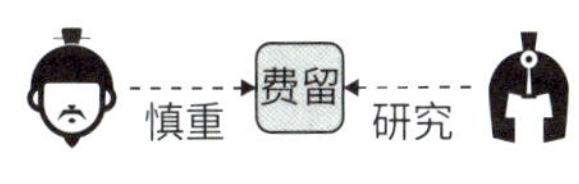

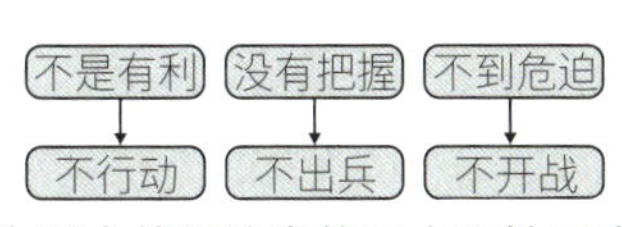

生活中值得注意的三个理性尺度

注意2

主不可以怒而兴师，将不可以愠而致战。合于利而动，不合于利而止。

君主、将帅不可因一时之怒或一时气愤而发动战争、出阵应战。此两者都属于非理性行为，都把战争当儿戏般对待。动则必然劳民伤财，作战篇就是讲这个事情。

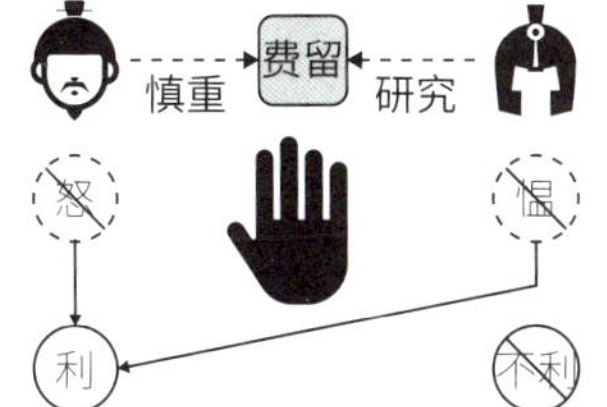

注意3

怒可以复喜，愠可以复悦，亡国不可以复存，死者不可以复生。

愤怒、气愤像火，火可灭而再生，怒气可消而再长，生活、工作中，败了可以再爬起来，但是死了就再也爬不起来了。战争不是游戏，所以要谨慎考虑。

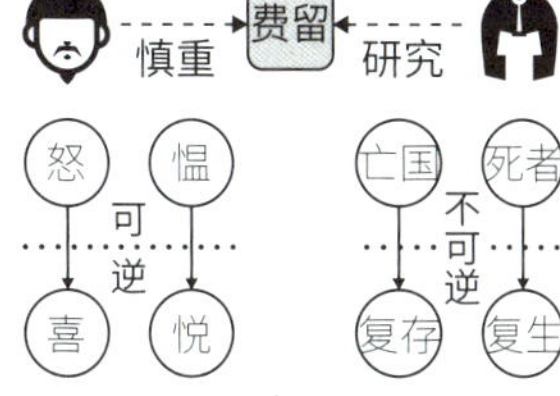

故明君慎之，良将警之，此安国全军之道也。

本文总结，明智的君主要谨慎看待，贤良的将帅要多加警惕，此为国家安定、保全军队的关键所在。

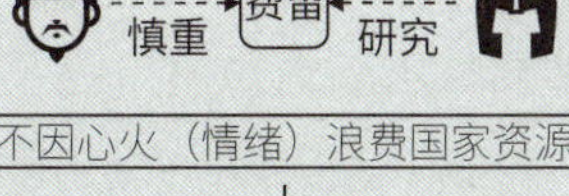

不因心火（情绪）浪费国家资源

国家安定、军队保全

70. 理性用间

曹操曰："战者必用间谍，以知敌之情实也。"

【原文】

孙子曰：凡兴师十万，出征千里，百姓之费，公家之奉，日费千金；内外骚动，怠于道路，不得操事者，七十万家。相守数年，以争一日之胜，而爱爵禄百金，不知敌之情者，不仁之至也，非人之将也，非主之佐也，非胜之主也。故明君贤将，所以动而胜人，成功出于众者，先知也。先知者，不可取于鬼神，不可象于事，不可验于度，必取于人，知敌之情者也。

【译文】

孙子说：举兵十万外出千里征战，对百姓的消耗浪费，对公家的各项开支，每天花费有千金之多；再加上国内外动荡不安，运输队伍则疲惫奔于路途中，不能从事耕作的人达七十万家。此状态下相持数年为争一朝胜利，若因吝惜爵禄和金钱导致不了解敌情而失败，是最不仁之人，不配做军中的统帅，也没资格去辅佐君王，更谈不上去主宰胜利。所以明君贤将，之所以不动则已，动则能定乾坤，功业超越众人，在于事先了解对方的具体情况。要事先了解敌情，不靠求神问卜，不靠类似的事推测吉凶，不靠星辰运行的规律去验证，最好的方法是从别人的口中打探，而打探的对象就是熟悉敌情的人。

【启示】

本章开头与作战篇相同，开头讲战争给国家上上下下带来巨大的损耗，"日费千金""不得操事者，七十万家"，并以客观的事实数据作为引子，引出"用间"的重要性。战争是一笔大账，哪个选项付出的代价大，哪个选项付出的代价小，都要事先计于庙堂之上。花钱能办的事，就不要只盯着花出去的钱。此时不花，搞不好将来花得更多，这个问题其实不难理解，生活中也处处皆是。当然也有花了钱没办成的可能，因为这里面隐含着一个肉眼看不见的"时间成本"。你劳民伤财，浩浩荡荡花一个月的时间赶到敌国去打敌人，去了发现人家已经高筑城墙，你根本打不了，来来回回浪费两个月的时间，不是劳民伤财是什么？这两个月能干多少事，这笔账你得算清楚。

总结：算账不能只盯着明面上看得见的账，却忽略隐藏的时间成本。

理性用间

凡兴师十万，出征千里，百姓之费，公家之奉，日费千金；内外骚动，怠于道路，不得操事者，七十万家。

十万军队出门打仗，上上下下各种费用每天合计近千金；国内外也不安宁，出兵导致七十万家百姓不能安心从事耕作，田地荒芜无人耕种，耗上增耗，伤财又劳民，时间越久消耗越大。

10万

千金/天

70万

十万军队出门打仗

日费千金

七十万家百姓不能安心从事耕作

相守数年，以争一日之胜，而爱爵禄百金，不知敌之情者，不仁之至也，非人之将也，非主之佐也，非胜之主也。

在巨大的损耗面前，因吝惜你手里那点钱和权，不舍得花钱用间谍，最后导致不了解敌人而败，这种人有什么资格领导万千士兵，有什么资格辅佐君王，更何谈胜利。

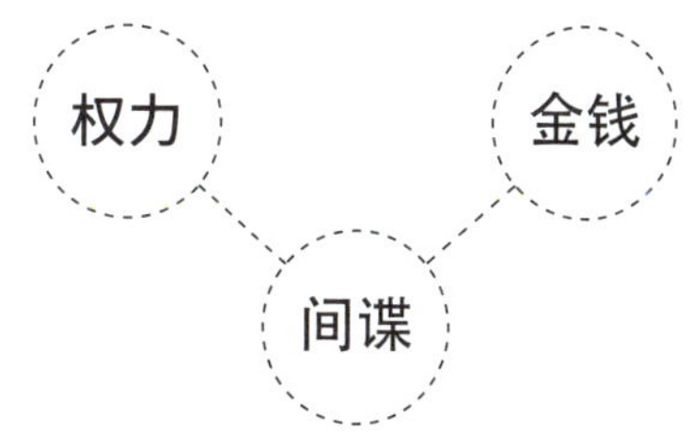

用间之费，或许是这“爵禄百金”，但不需要付出“兴师十万”“日费千金”“七十万家”代价。

先知者，不可取于鬼神，不可象于事，不可验于度，必取于人，知敌之情者也。

三个“不靠”：一不靠求神问卜（要理性、科学求知）；二不靠用类似的事去推测吉凶（拒绝教条主义）；三不靠星辰运行的规律去验证（要以客观事实为准则）。

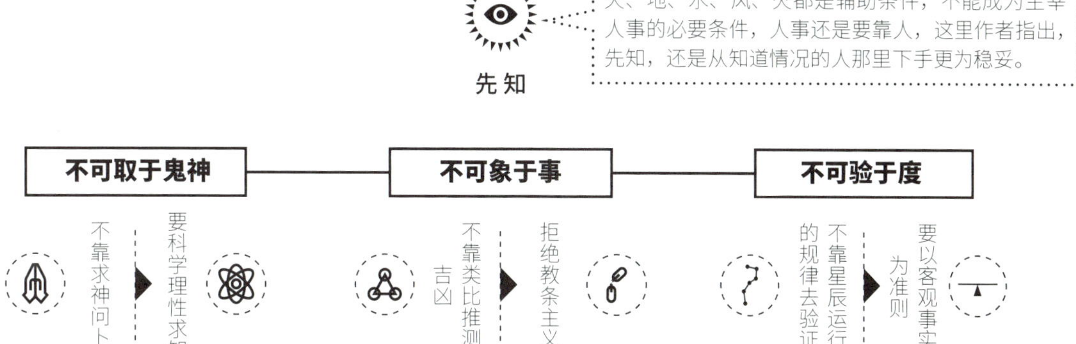

71. 五间之用

曹操曰："战者必用间谍，以知敌之情实也。"

【原文】

故用间有五：有因间、有内间、有反间、有死间、有生间。五间俱起，莫知其道，是谓神纪，人君之宝也。因间者，因其乡人而用之。内间者，因其官人而用之。反间者，因其敌间而用之。死间者，为诳事于外，令吾间知之，而传于敌间也。生间者，反报也。

【译文】

使用间谍有以下五种情况："因间""内间""反间""死间""生间"。五种间谍一起用，便没有人能知道其中的神妙，这是很神妙的道理，是君王的法宝。"因间"是利用敌国的平民为间；"内间"是利用敌国官吏为间；"反间"是策反敌方间谍为我所用；"死间"是利用我方间谍散布假情报，蛊惑诱使敌军上当；"生间"是深入敌方刺探情报，活着回来汇报敌情的间谍。

【启示】

双方博弈，了解对方多一点，胜算就会多一点，"间"这个角色由此而生。"间"的作用在于帮助我们收集对方准确的数据，由此完成对敌方的"画像"，或者说是将敌方的情况"立体化"，"立体化"了才能实现知彼，知其优势，知其劣势，由此调整我方作战方针，完成攻打计划。就个人而言，《鬼谷子》讲"捭阖"，捭为开启，阖为闭藏。捭阖之术，也就是开合有道、张弛有度。"间"就是闭藏，藏是输入，是收集"画像"阶段；开启是输出，是开始打击阶段。捭阖相互配合，用间和打击也当如此。生活、工作中，想要了解对方，就需要收集对方的相关数据，这里的"间"可以是对方的家人、朋友、同事、朋友圈、互联网平台等，这些都为你获取信息提供了渠道，正如《孙子兵法》下文中提到的"微哉！微哉！无所不用间也"。但是，"间"是"间"，如两个人的中间多了一个人，不免也多了一层隔阂，是真是假，是主观还是客观，也需要细细琢磨。

总结："间"利用好，可以帮助我们，利用不好，反被其噬，如双刃之剑。

五间之用

五间俱起，莫知其道，是谓神纪

类似一支球队，前锋负责攻城拔寨，中场负责控场，后卫属于防御，门将守护球门。这些角色分工不同，需要相互配合。我们看球赛几乎每场都有精彩瞬间，配合也是场场都不相同，很有意思，也很神妙，而五种间谍的使用就是这个意思。

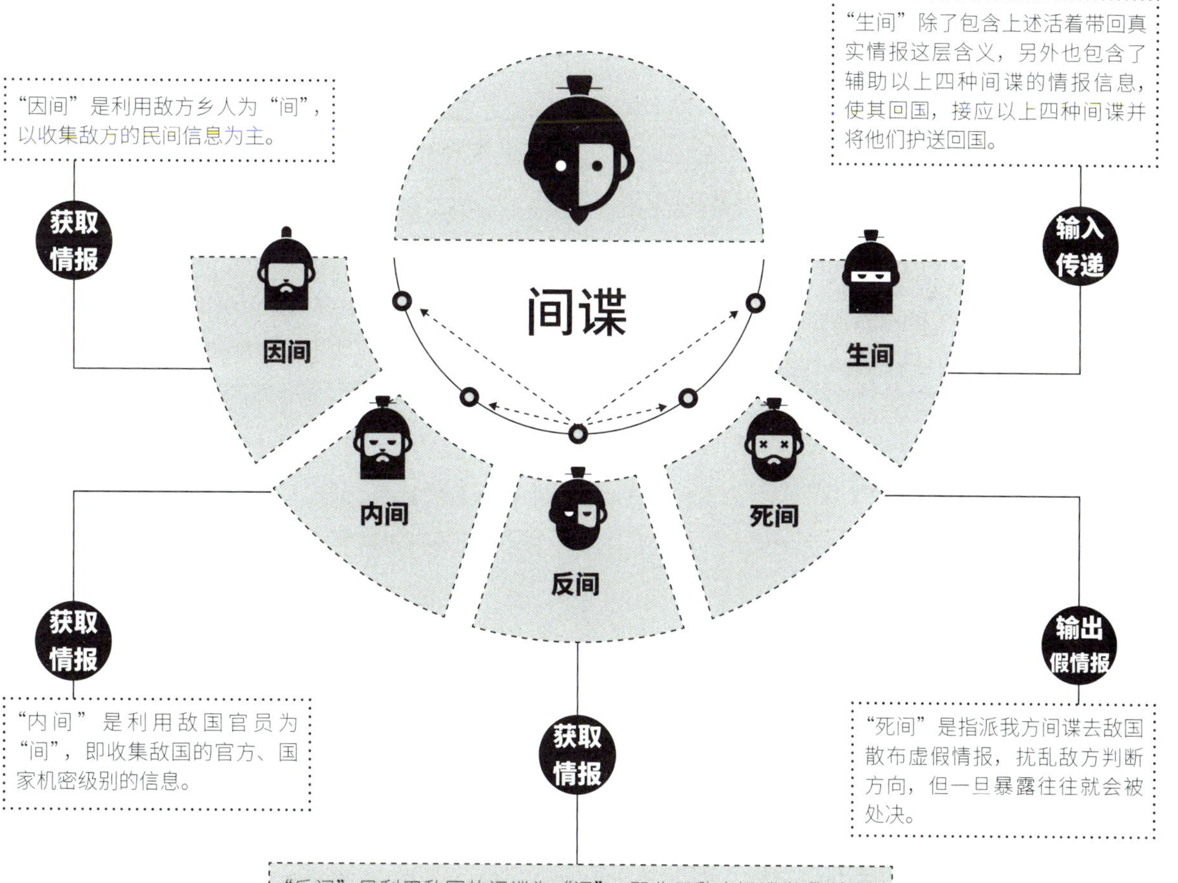

72. 用兵之要

曹操曰："战者必用间谍，以知敌之情实也。"

【原文】

故三军之事，莫亲于间，赏莫厚于间，事莫密于间。非圣智不能用间，非仁义不能使间，非微妙不能得间之实。微哉！微哉！无所不用间也。间事未发而先闻者，间与所告者皆死。凡军之所欲击，城之所欲攻，人之所欲杀，必先知其守将、左右、谒者、门者、舍人之姓名，令吾间必索知之。必索敌人之间来间我者，因而利之，导而舍之，故反间可得而用也。因是而知之，故乡间、内间可得而使也；因是而知之，故死间为诳事，可使告敌；因是而知之，故生间可使如期。五间之事，主必知之，知之必在于反间，故反间不可不厚也。昔殷之兴也，伊挚在夏；周之兴也，吕牙在殷。故惟明君贤将，能以上智为间者，必成大功。此兵之要，三军之所恃而动也。

【译文】

所以三军关系中，间谍最值得信任，奖赏最为优厚，各项事务也是最为保密的。没有高明智慧，没办法利用间谍；没有仁义德行，没办法指挥间谍；没有精微的分析及判断能力，拿不到真实情报。很微妙，间谍无处不能用。用间谍这件事，还没开始就泄露了消息，那么间谍及走漏消息的人都必须被处死。攻击敌军，攻城及刺杀敌方重要人物，务必先了解守城主将、副将亲信、情报传递人员、守城的官吏及官舍看守人的相关资料及名单，我方间谍一定要调查清楚。必须查出潜入我方的间谍，重金收买，诱导其为我所用，反间就可用来做事了。因反间的情报，得到乡间、内间的合适人选，转化后就可以用；因反间的情报，死间可以去散布虚假消息，并让他告诉敌人我方已经受到迷惑；因反间的情报，生间可如期回报敌情。五种间谍的使用，用者必须了解，了解"反间"的重要性，所以不能不厚待反间。从前商代兴起，得益于伊尹在夏；周代兴起，得益于姜尚在商。所以明君贤将用有智慧的人做间谍，定会建功立业。这是用兵之关键，三军都要依它而动。

【启示】

"知彼知己，百战不殆"，"知彼"是开战的前提。如何"知彼"？用"间"来"知彼"，用"间"来为敌方画像，"知彼"之后"合于利而战，不合于利而止"。用间是可靠的"知彼"的手段，"知彼"也为"先为不可胜"提供了参考标准。至此整本《孙子兵法》十三篇结束，我们用七十二张视觉翻译图配合译读、启示与总结，给诸位讲解其中之义，感谢诸位的陪伴与支持。

总结：我们保持终身学习的目的是发现自己人性中的漏洞、缺点，一一修正，这场战争直至终老。

用兵之要

非微妙不能得间之实

没有精微的分析能力及判断能力，拿不到真实的情报。

微哉！微哉！无所不用间也。

通过以上间谍类型可以看出，敌方自上而下都有特定的信息需要去了解，这些都是“彼”的数据。

间事未发而先闻者，间与所告者皆死。

用“间”这件事，大忌就是泄露情报信息，一旦泄露，间谍及走漏消息的人都必须被处死。

凡军之所欲击，城之所欲攻，人之所欲杀，必先知其守将、左右、谒者、门者、舍人之姓名，令吾间必索知之。

开战前，要了解打击的敌方军队、要杀的敌方重要人物。擒贼先擒王，要知道守城的最高将领是谁，要知道其左右副将、亲信是谁，上上下下都要知道，所以这些都需要我方不同类型的间谍相互配合，并侦察查清楚。

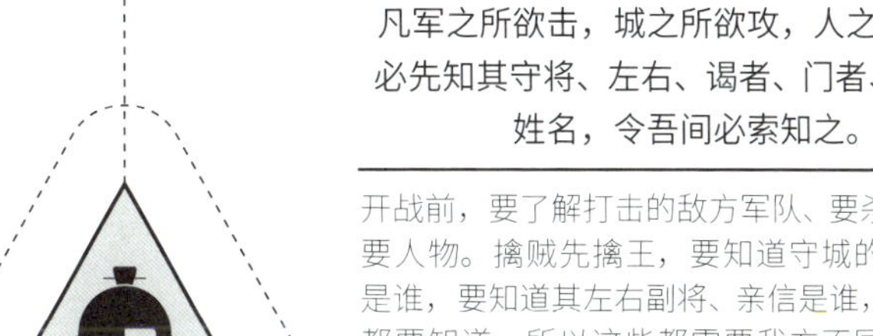

非圣智不能用间

没有高明智慧，脑袋瓜子不够灵光，建议不要用间谍。

非仁义不能使间

没有仁义之心、慷慨之德行，这样的人没办法指使间谍。

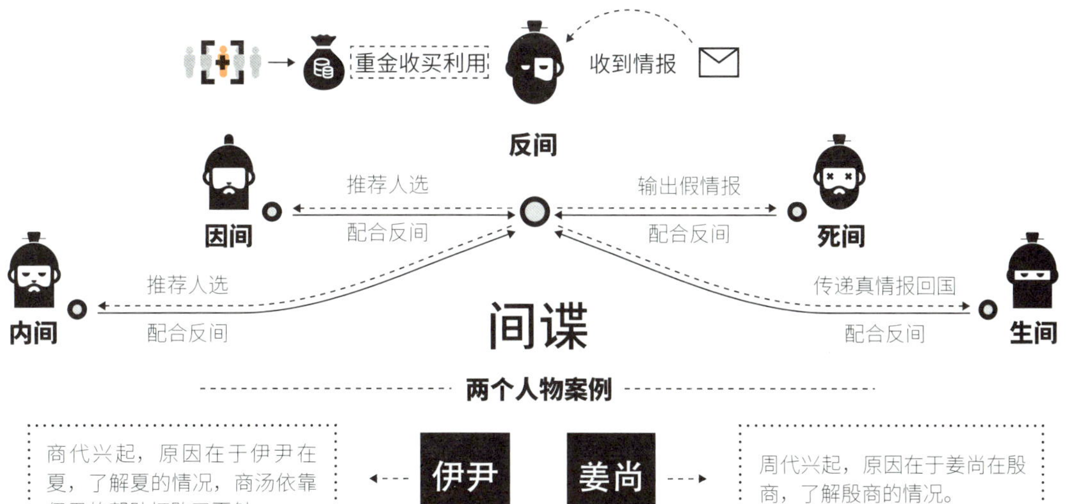

两个人物案例

商代兴起，原因在于伊尹在夏，了解夏的情况，商汤依靠伊尹的帮助打败了夏桀。

伊尹

姜尚

周代兴起，原因在于姜尚在殷商，了解殷商的情况。

故惟明君贤将，能以上智为间者，必成大功。此兵之要，三军之所恃而动也。

所以明君贤将用有智慧的人做间谍，定会建功立业。这是用兵之关键，三军都要依它而动。

中国古代谋士

姜子牙——韬略鼻祖、兵家之宗

姜子牙（约前1156—前1017），本名姜尚，字子牙，后人多称其为姜子牙、姜太公。商末周初著名的政治家、军事家和谋略家。

主要成就

姜子牙在齐国整顿政事，顺其风俗，简化礼教，开发工商业，发展渔业盐业优势，因而人心所向，归附齐国。齐国强盛，成为大国。姜子牙是一位满腹韬略的贤臣和杰出的政治家，一直受历代统治者崇尚，在《诗经》等唐代以前的许多史料及文学作品中的颂文很多。中国古代的兵论、兵法、兵书、战策、战术等一系列完整的军事理论，其形成体系并构成学说，都始于齐国，源于姜太公，所以太公被后人尊称为“兵家宗师”“齐国兵圣”“中国武祖”。

管仲——春秋第一霸主的打造者

管仲（约前725—前645），姬姓，管氏，名夷吾，字仲，春秋时期法家代表人物。齐国颍上（今安徽省颍上县）人。他是中国古代著名的军事家、政治家、经济学家、改革家，被誉为“圣人之师”。

主要成就

管仲整顿行政管理系统，实行“叁其国而五其鄙”的制度，其目的是“定民之居”，即士、农、工、商各安就其业，使行政区域的组织结构更加精细化，有效维护了社会稳定。重视选拔人才，创设了“三选制”，即推选从国家到国君再到上卿的助手，打破了贵族垄断官职的世卿世禄制度，国家能“因能授禄”。他主张改革以富国强兵，他的“国多财则远者来，地辟举则民留处，仓廪实而知礼节，衣食足而知荣辱”被后世奉为治国名言。外交上管仲打出“尊王攘夷”的旗号，以诸侯长的身份，挟天子以伐不敬。管仲以自己卓越的谋略辅佐齐桓公成为春秋时第一位霸主，他的智慧和改革精神为后人所推崇。

范蠡——奇谋成就政界与商界

范蠡（前536—前448），字少伯，楚国宛（今河南省南阳市）人。春秋末期政治家、军事家、经济学家和道家学者。范蠡为中国早期商业理论家，楚学开拓者之一，被后人尊称为“商圣”。

主要成就

范蠡的政治成就为：劝服勾践保全性命；促使夫差起恻隐之心；巩固军事力量，消磨敌方意志；与勾践深谋二十余年。卧薪尝胆，二十年磨一剑。范蠡的军事宗旨为：强则戒骄逸，处安有备；弱则暗图强，待机而动；用兵善乘虚蹈隙，出奇制胜。他的军事思想为后世称道并沿用，其也可归为三种观念：朴素唯物主义战略观、灵活多变的战术观、富国强民的国防观。

李斯——秦王朝兴衰成败的引路者

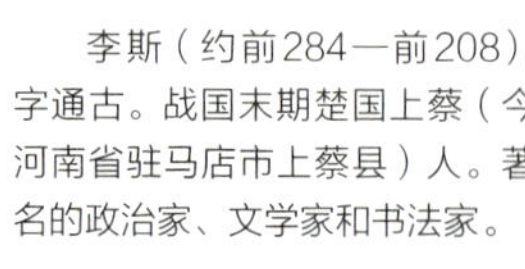

李斯（约前284—前208），字通古。战国末期楚国上蔡（今河南省驻马店市上蔡县）人。著名的政治家、文学家和书法家。

主要成就

李斯帮助秦始皇统一华夏，开创了中国第一个封建王朝，推动了大一统的历史进程，他的政治理念奠定了中国两千多年封建专制的基本格局。秦统一六国之后，废除分封制，建立郡县制，把全国分为三十六郡，郡以下为县。这套中央集权制度，铲除了诸侯王国分裂割据的祸根，利于巩固国家统一，促进当时的社会发展。在经济与文化方面，无论是车同轨、书同文、统一度量衡、统一货币，还是秦颁布的一系列政策中，都有李斯的智慧。

张良

——辅佐刘邦，汉初三杰之一——

张良（约前250—前189），字子房，韩国（一说为今河南省新郑市）人。秦末汉初杰出谋臣，西汉开国元勋，与韩信、萧何并称为“汉初三杰”。

主要成就

张良为刘邦的重要谋士，协助刘邦在楚汉战争中成功完成以下著名军事斗争：降宛取峣，佐策入关；谏主安民，斗智鸿门；明修栈道，暗度陈仓；下邑奇谋，画箸阻封；虚抚韩彭，兵围垓下，为刘邦统一大业奠定了坚实基础。帮助吕后扶持刘盈登上太子之位。张良精通黄老之道，不贪恋权位，功成身退，不问政事。去世后，谥为文成侯。汉高祖刘邦在洛阳南宫评价他说：“夫运筹策帷帐之中，决胜于千里之外，吾不如子房。”张良堪称谋士的楷模，被后人尊为“谋圣”。

诸葛亮

——辅佐二主建立蜀汉基业——

诸葛亮（181—234），字孔明，号卧龙（也作伏龙），徐州琅琊阳都（今山东临沂市沂南县）人，三国时期蜀汉丞相，杰出的政治家、军事家、散文家、书法家、发明家。

主要成就

在军事方面，诸葛亮治军有方，提出治军以明，以信为本。北伐曹魏，匡扶汉室。在军事技术发明上也有杰出表现，例如改良连弩，推演了兵法，创作八阵图。在廉洁建设方面，诸葛亮身为丞相，深知“屋漏在下，止之在上，上漏不止，下不可居也”。他以身作则并把廉政当作一项重要的政律来抓，对蜀汉政治、经济、军事、文化的各个方面都产生了重大影响。同时，诸葛亮立法公开、执法公平，形成领先于同时代的法律思潮。唐代时将诸葛亮选为武庙十哲之一，与张良、韩信、白起等九位历代兵家享同等地位。

杜预

——文韬武略之『杜武库』——

杜预（224—284），字元凯，京兆郡杜陵县（今陕西省西安市）人。西晋军事家、经学家、律学家。

主要成就

杜预在军事上成就卓著，是灭吴统一战争的统帅之一。他率军奇袭西陵这一重要防守军镇，离间东吴君臣，使吴主孙皓临阵换帅，动摇吴国军心。作为一名智将，三陈平吴，完成了统一天下的大业。 他的政治功绩同样卓越，他主张整顿吏治，建立严明的赏罚制度，提出“流年黜陟法”，建议施行籍田，安边政策，管理盐运，修治水利等，都有利于国计民生。在律学思想方面，《律本》是杜预为《泰始律》（即《晋律》）所作的注释，代表杜预主要的法律主张，其内容主要有：其一，纳礼入律，礼法合一；其二，“文约而例直，听省而禁简”；其三，区分律、令的界限。

魏徵

——唐太宗的治国谋臣——

魏徵（580—643），字玄成，魏郡馆陶（今属河北）人，唐代政治家、思想家、文学家和史学家。

主要成就

魏徵在政治业绩上主要有以下成就，其一，极言直谏，剖析得失。他上谏的主要内容是朝廷军国大事的失误。对有关国家平乱、社稷存亡的大问题，坚持原则，据理力争。其二，偃革兴文，与民休息。魏徵鉴于隋末人口流亡、经济凋敝、百废待兴的实际情况，力劝唐太宗偃革兴文，实行有利于国计民生的休养生息政策，体现了他政治上的“致化”思想。其三，兼听广纳，君臣共理。魏徵主张君主听取臣下的正确意见，发挥臣下才智，以克服君主的主观片面性，使君臣协力，共治天下。其他还有知人善任、惩恶劝善、居安思危、善始慎终等理念。他辅佐唐太宗共同创建“贞观之治”，被后人称为“一代名相”。

刘基

——明太祖第一谋士——

刘基(1311—1375)，字伯温，处州青田(今属浙江)人，明代开国功臣，杰出的政治家、军事家和文学家。

主要成就

在成功前的关键战略时期，刘基正确分析了当时的军事形势，提出先灭陈友谅再取张士诚的正确建议，为朱元璋歼灭群雄、统一天下起到了决定性作用。在政治方面，施德政、得民心是刘基治国思想的核心，也是他建功立业的思想理论依据。他的民本思想，兼具政治性和经济性，是统治者施政的基本方针，并通过生产实践和亲民行动作表率。同时加强法制，在明代建立后即建议实行卫所制度，加强了皇帝对军队的管理和控制，对于巩固中央集权起到重要作用。

古代作战阵法

古代随着战争规模逐步扩大，参战人数不断增加，但由于缺少远距离通信手段，因此作战很讲究阵法。所谓“阵”，就是军队在投入战斗时，根据地形条件、敌我实力等具体情况而布置的战斗队形，从基础的一兵、一伍、一列开始，一直到全军，都做到“立兵伍，定行列，正纵横”。根据有效组合充分发挥士兵的力量和手中武器的威力，提高杀敌效率，或者降低敌方的杀敌效率。战国时代《孙膑兵法·十阵》中论述了用兵阵法——“凡阵有十：有方阵，有圆阵，有疏阵，有数阵，有锥行之阵，有雁行之阵，有钩行之阵，有玄襄之阵，有火阵，有水阵。”其绘图样式参考了苏静主编的《知中：孙子兵法指南书》(中信出版社，2016)。

方阵

方阵是军队战斗的基本队形。此阵多正面攻击敌军时使用。指挥官坐镇部队中央后方，掌控全局变化，增加正面兵力，加强攻击力，以取得作战的胜利。孙膑说：『方阵之法，必薄中厚方，居阵在右』，其含义为：布设方阵的方法，中间宜广，四方宜厚，居阵在后。方阵中间兵力少，便于发号施令，或是虚张声势；四周兵力多而强，可以更方便攻击，同时也可防御敌人的攻击。方阵是相对平衡的攻防阵形。金鼓等队伍一般部署在方阵的后方。

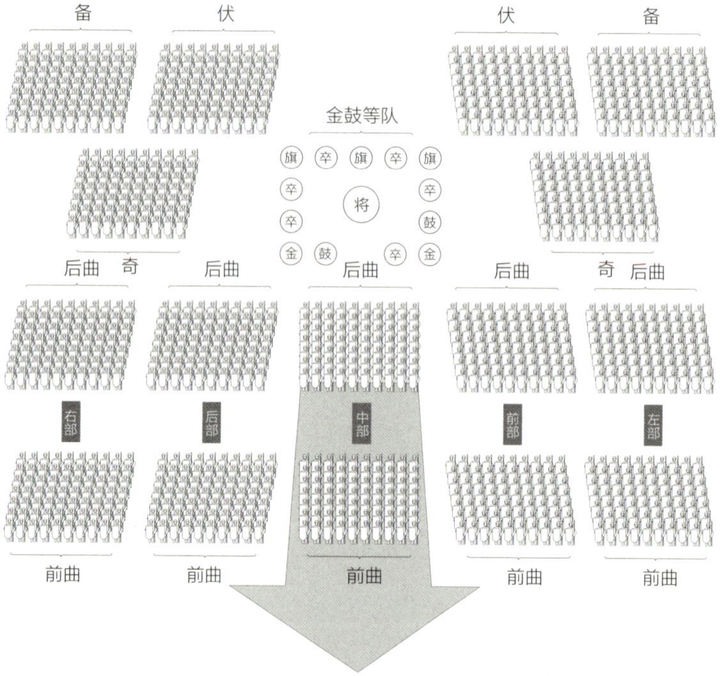

圆阵

圆阵是一种防守型兵阵。此阵形多用在平坦地形，对敌军采取防御时使用。将部队平均分布成圆周形，将领和金鼓旗帜部署在中央，集中兵力，这样敌军就很难攻破。

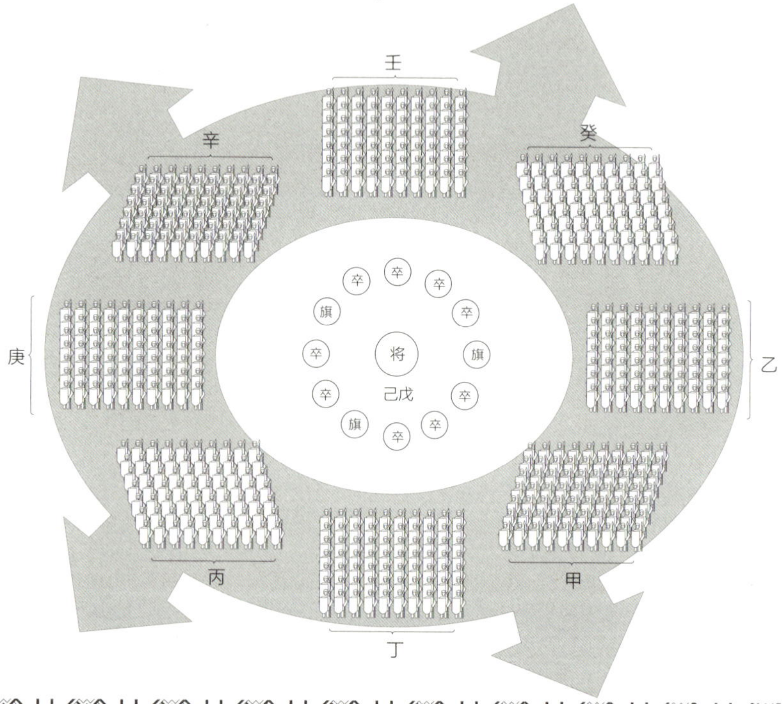

锥行阵

中央突破阵形，其形像斧头一样，好似用尖端利刃劈开敌阵，前曲两列深入，后曲部分切断敌阵各部分之间的联系，接着后续主力部队大举进攻，对敌军实行各个包围歼灭。孙膑说：『锥行之阵……未必锐，刃必薄，本必鸿。然则锥行之阵可以决绝矣。』其意为：锥形阵列就像一把钢剑，叶片必须锋利，即前锋部队必须锋利而灵活，刀刃必须薄，即两翼部队必须灵活机动，剑身要粗壮雄厚，即主力部队应具有强大的进攻力。

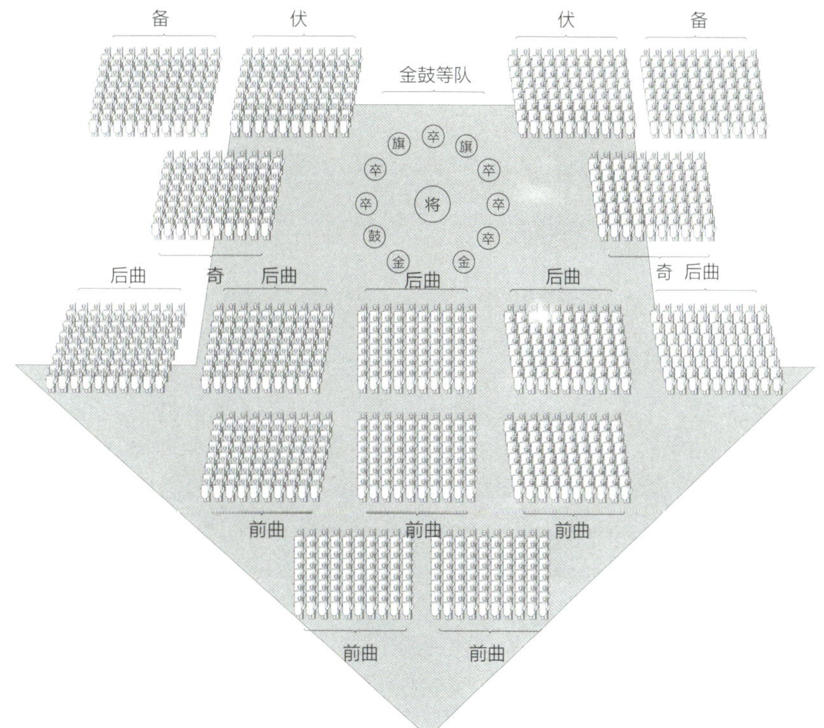

钩行阵

此为应对战场临时变化的阵形。孙膑说：『钩行之阵，前列必方，左右之和必钩。』此阵正前方为方阵，左右两侧部队弯成钩形，就形成了钩形阵。左右钩形不仅能确保侧面士兵的安全，还可以成为队形变化的支点。此阵形多在变换战斗队形时使用。

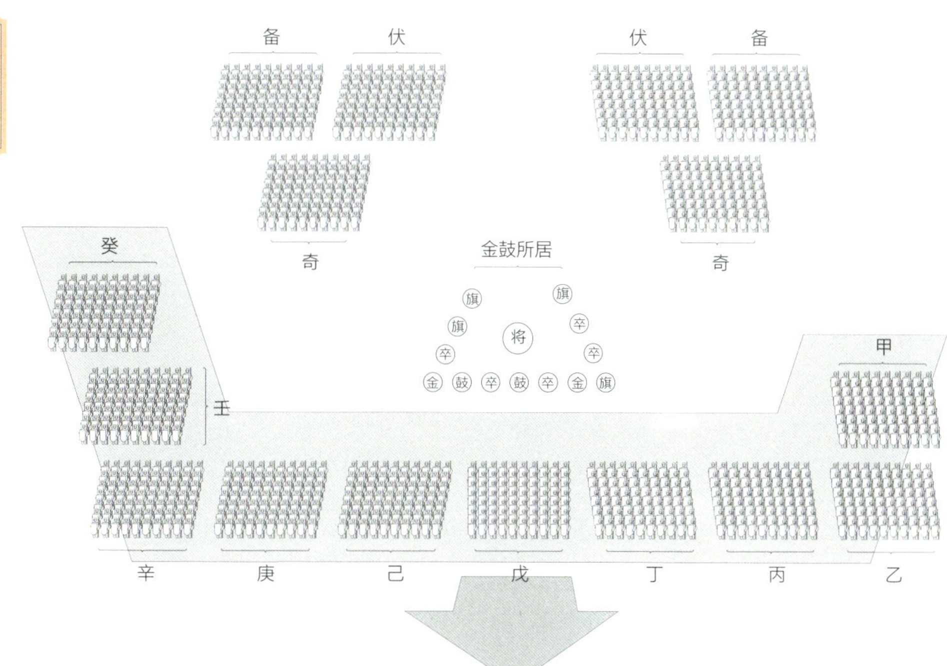

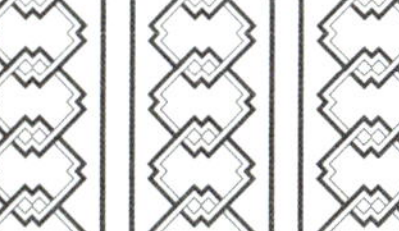

雁行阵

此阵形是攻击型的兵阵，适合在进行弓弩战时使用。雁形阵是一种横向展开、左右两翼向前，或者向后梯次排列的战斗队形。向前的是<形，可用于包抄敌人，但此时后方的防御就会比较薄弱；若两翼呈倒<形，则可保护后方的安全，防止敌军的迂回包抄，因而雁形阵也具有一定的防御功能。

备　伏　伏　备
金鼓殿后
旗　旗　卒　卒　将　旗　旗　金　金　卒　卒　鼓
奇　奇
癸　丁
己
壬　丙
辛　乙
戊
庚　甲

箕行阵

此阵形是一种攻守兼备的阵形，适合缓慢地推进作战，各兵种之间能很好地协调，起到有效的进攻和防守作用。对于重攻击轻防御的鱼鳞等阵形有很好的打击作用。

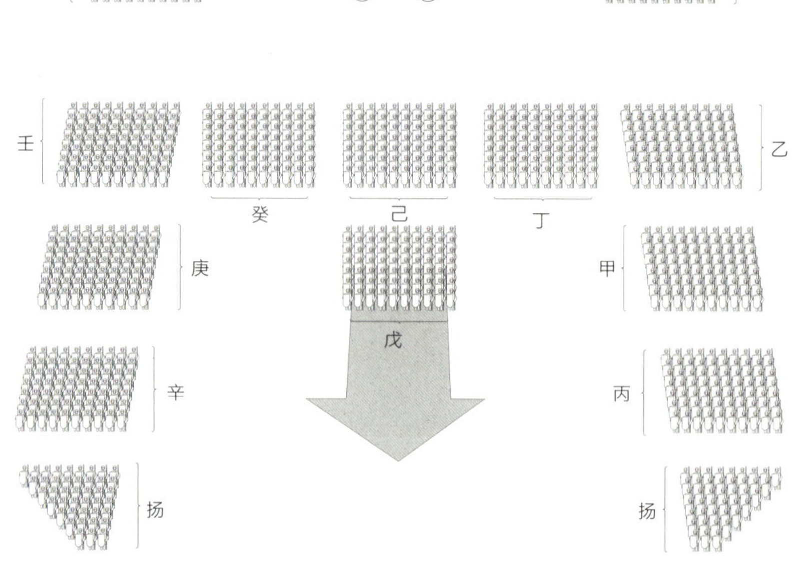

战争兵器图鉴

古代战争中需要用到的兵器种类繁多，其中主要包括刀、剑等近战冷兵器，以及以弓、弩为代表的远程兵器。战车从春秋时期被广泛使用，还有用以攻城、守城的大型器械，以及火药发明后逐渐充分利用的火器等。其绘图样式参考了苏静主编的《知中：孙子兵法指南书》(中信出版社，2016)。

近战武器

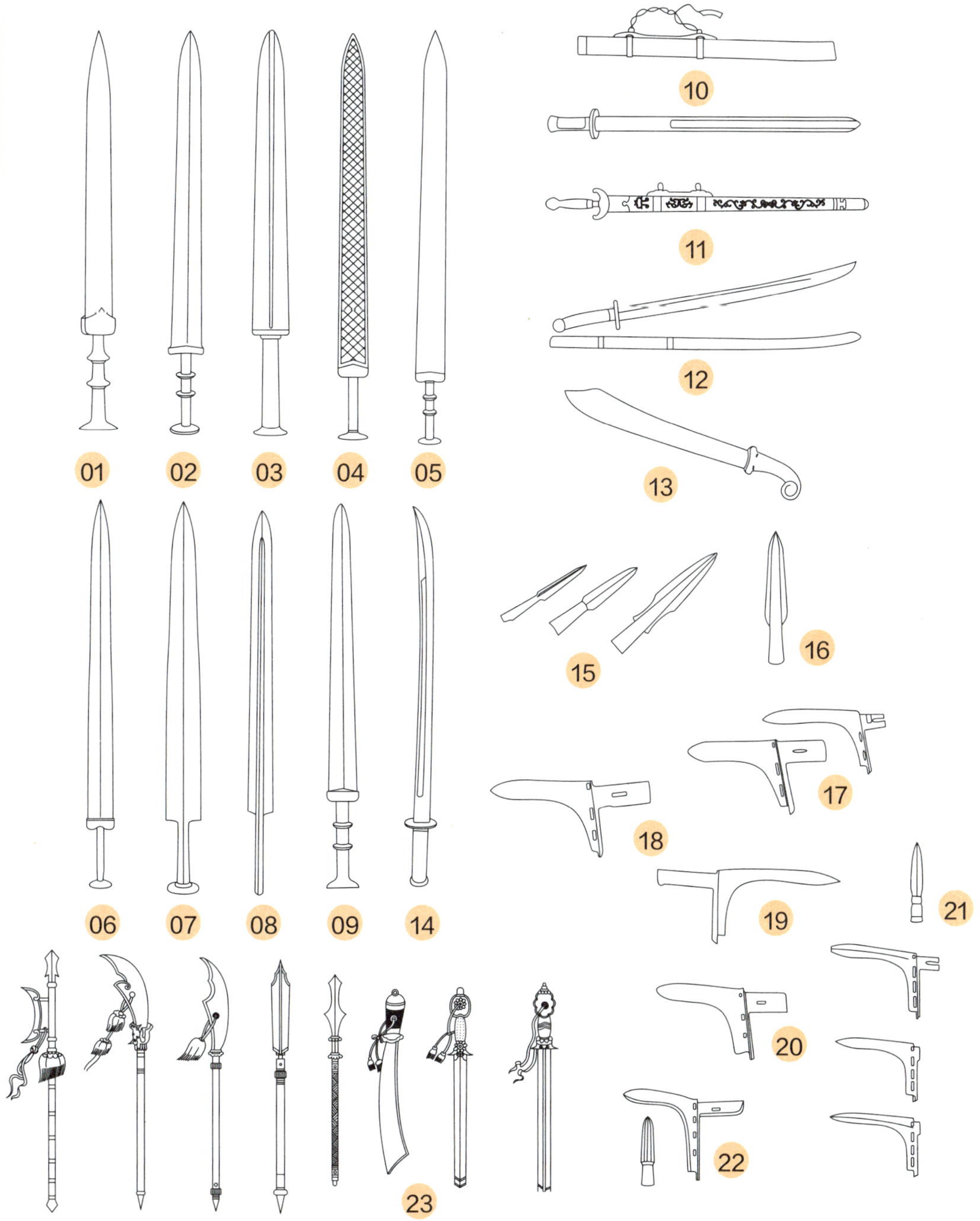

01 春秋铜剑
02 春秋齐国铜剑
03 春秋吴太子姑发剑
04 越王勾践剑
05 战国越王古剑
06 战国越王州勾剑
07 战国素面薄格剑
08 战国两色剑
09 秦青铜剑
10 清代漆鞘铁宝剑
11 清代七星琴鹤剑
12 清代黑皮鞘铜饰件钢腰刀
13 清代雕花玉炳钢刀
14 清代宝刀
15 春秋铜矛
16 战国铜矛
17 春秋铜戈
18 春秋高子戈
19 战国铜戈
20 战国“左行议率”戈
21 战国三戈戟
22 秦相邦七年铜戟
23《武经总要》中描绘的刀、枪、剑、戟

远程武器

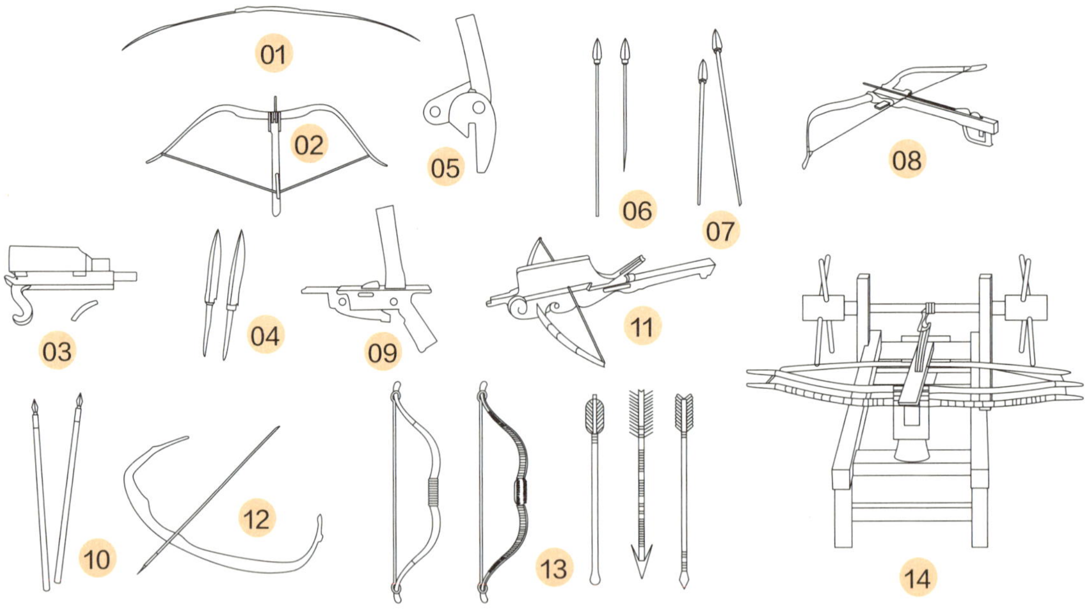

01 春秋竹弓：弓臂以单根竹材弯曲而成，称为单体弓
02 战国弩：弩臂为木制，弩机为青铜制，弩弓为竹制
03 战国双箭齐射连弩
04 战国铜箭镞
05 秦弩机
06 秦铜镞
07 秦青铜三棱箭镞
08 汉代弩
09 汉代铜弩机
10 弩箭
11 元戎连弩：三国时诸葛亮改进连弩的箭匣装置，缩短了装箭时间，提高了射击速度
12 唐代高昌弓箭
13《武经总要》中描绘的弓、弩、箭
14 宋代三弓床弩：大型弩，将一张弓或多张弓安于床架上，利用绞动轮轴射箭，威力较强，为攻守城重器

车

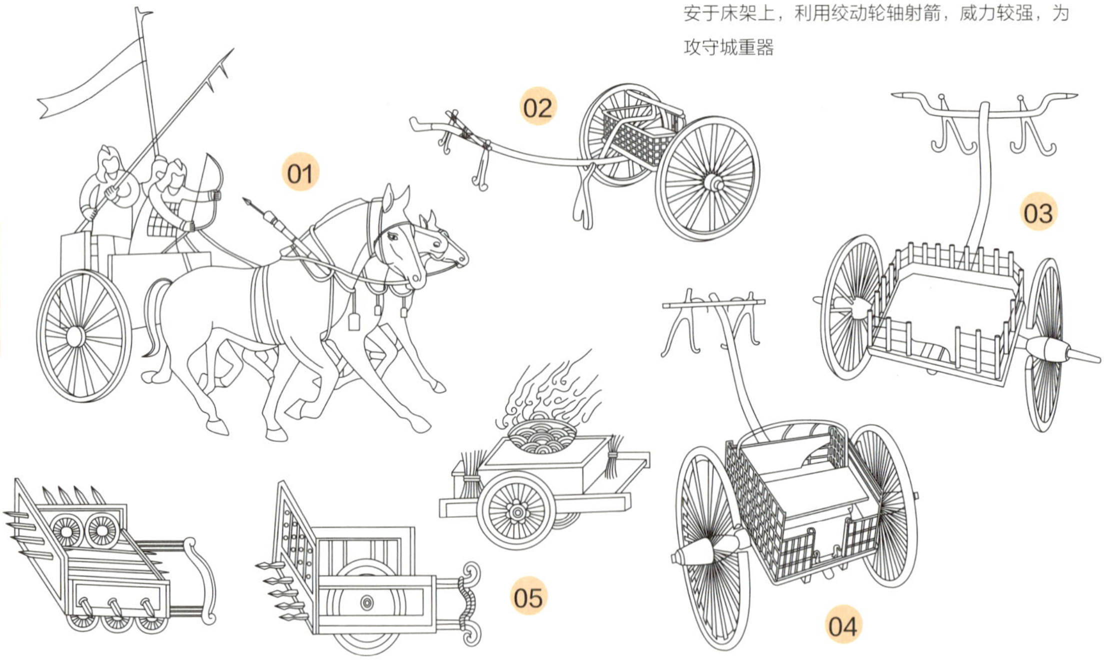

01 战车及兵士
02 春秋战车
03 商代晚期车
04 春秋中期车
05 除了马车，《武经总要》中也展现了几种手推型进攻战车

攻守城器械

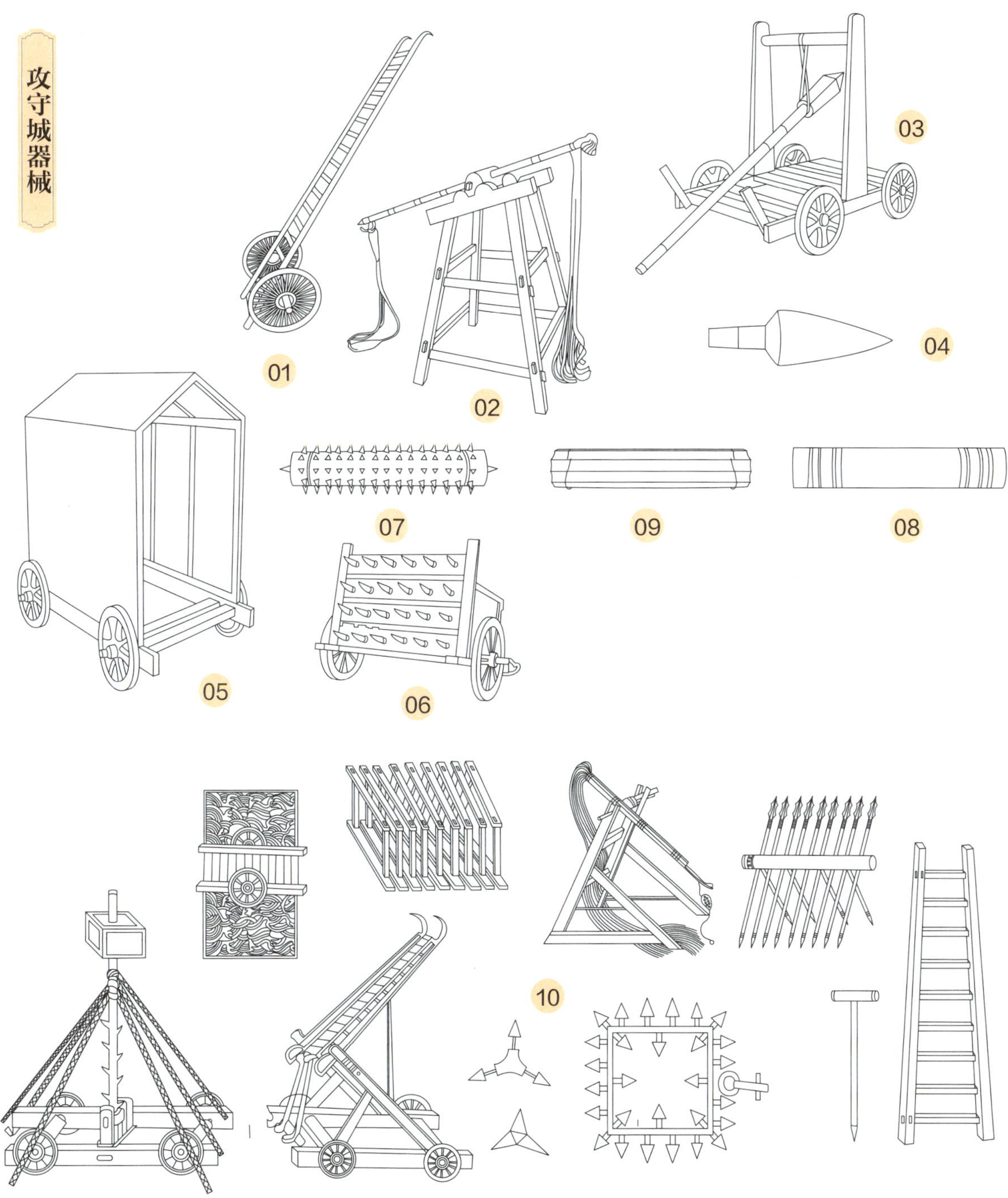

01 云梯：带有轮子，可以推动至城门缺口处，用以阻止敌方行进，也用于攀越城墙

02 抛石机：利用杠杆原理，抛射石弹

03 撞车：靠冲撞的力量，破坏城墙或城门

04 三国撞车头

05 辒辒车：一种四轮、无底的木车，上面盖着牛皮，可以抵御城上射下的箭矢，士兵们躲避其中，推动木车前行，慢慢接近城墙

06 塞门刀车：车前的刀壁上装有钢刀，使用时将车推至城门缺口处，用以挡住敌方的箭、石，也可用于杀敌

07 08 09 木櫑、砖櫑、泥櫑/用木头或泥砖制成的钝器，用以砸击敌人

10《武经总要》中描绘的攻守城器械

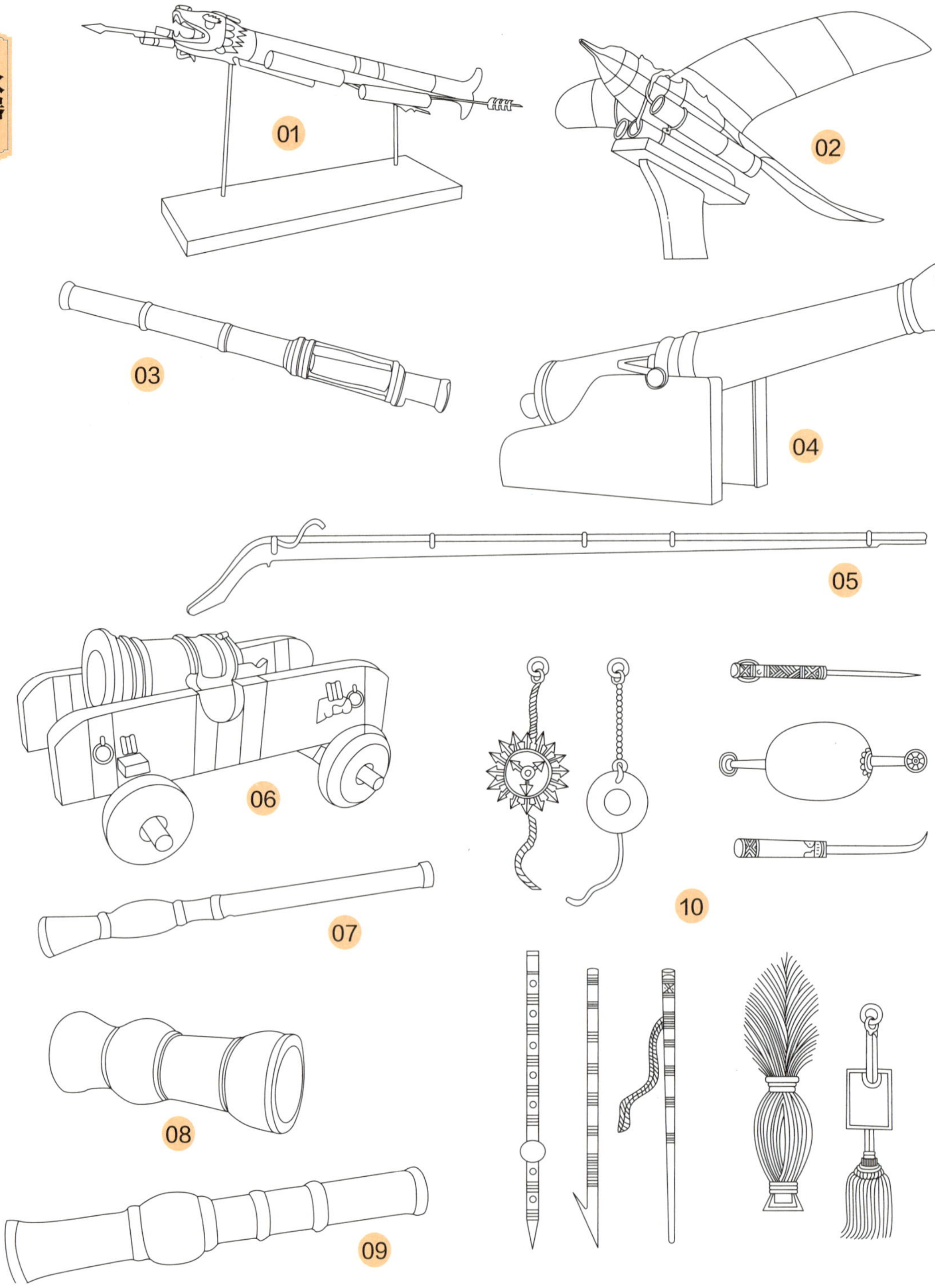

01

02

03

04

05

06

07

08

09

10

01 火龙出水：一种二级火箭

02 神火飞鸦：多火药筒并联火箭

03 明代嘉靖二十四年子母铜火铳

04 明代崇祯六年铁火炮

05 清代鸟铳

06 清代威远将军炮

07 明代洪武十一年铜火铳

08 明代弘治十八年碗口铳

09 元代至正十一年铜火铳

10《武经总要》中描绘的早期火器

绘者 李玥

古代典型甲胄

古代军戎服饰可以分为常服和战服两大类，常服是军人日常在军营里所穿的便服；战服如甲胄，是战场上的防护装备，有时在重要典礼上也会穿戴甲胄。军戎服饰不仅具有实用功能，还成为千百年战争历史中不断演变的文化符号。下面列举几种历代常见甲胄，样式参考自陈大威《画说中国历代甲胄》（化学工业出版社，2017）。

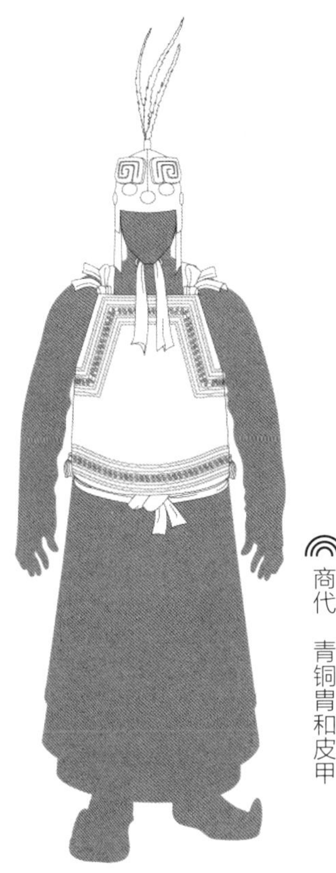

商代　青铜胄和皮甲

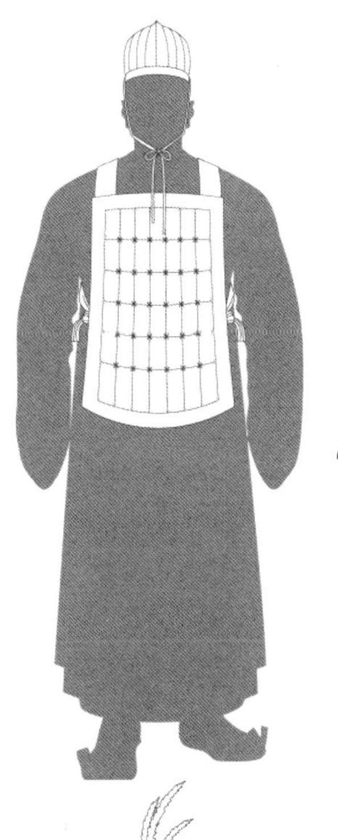

西周　韦弁和青铜甲

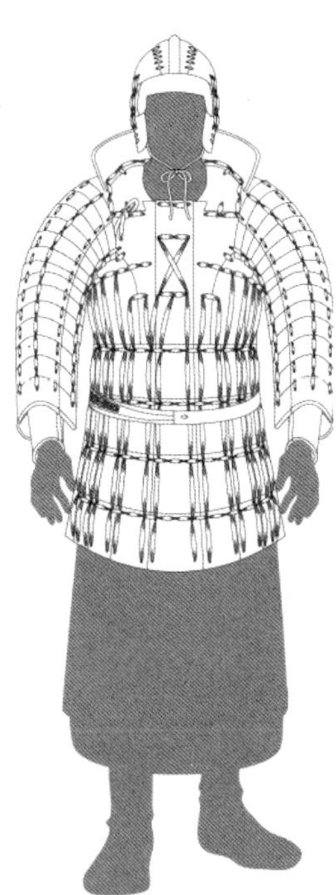

春秋战国　髹漆皮甲和皮胄

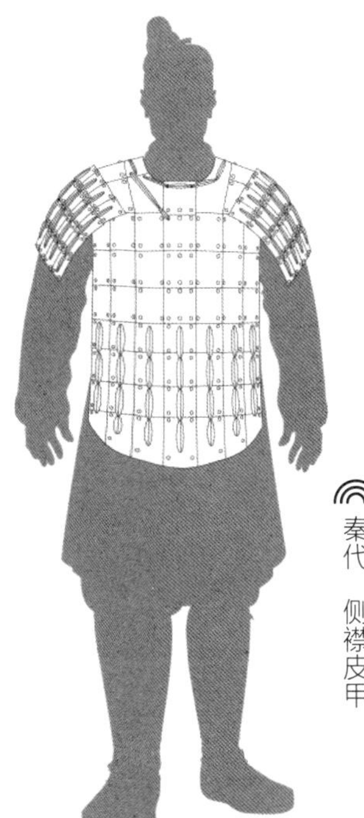

秦代　侧襟皮甲

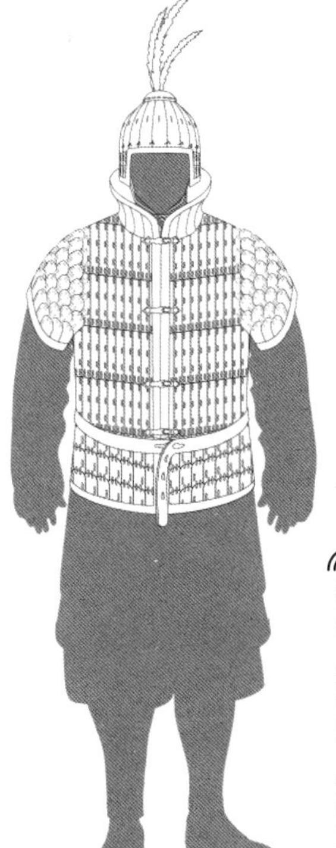

汉代　玄铁胄、玄铁甲

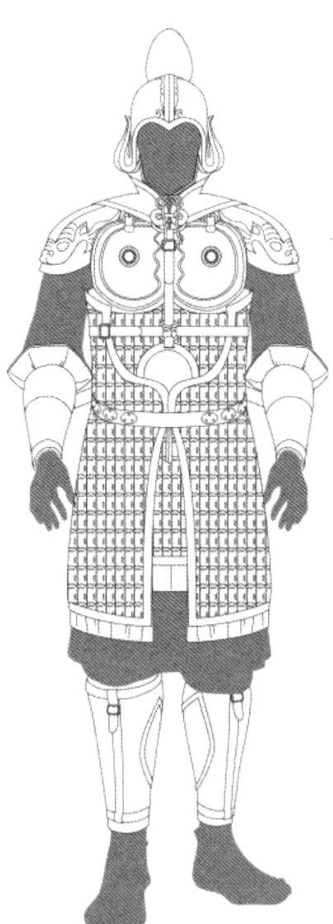

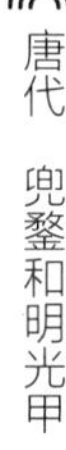

唐代　兜鍪和明光甲

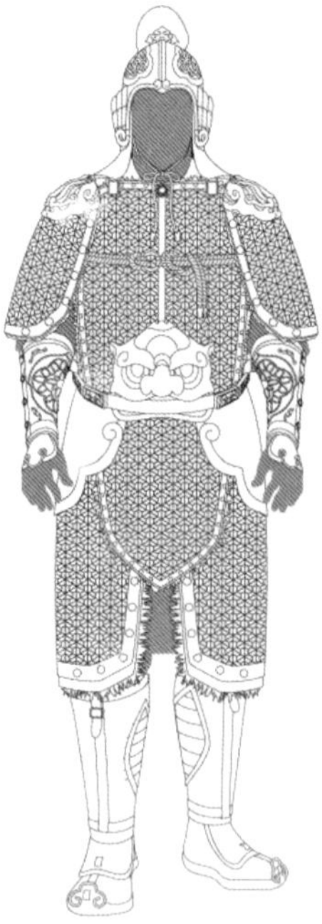

宋代 黑漆顺水山字甲

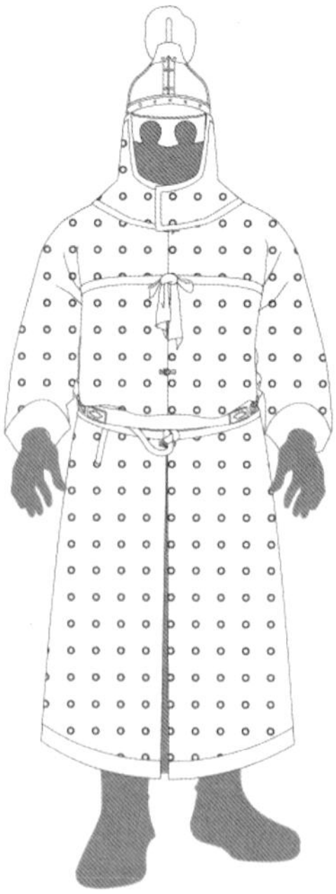

元代 铁胄和布面甲

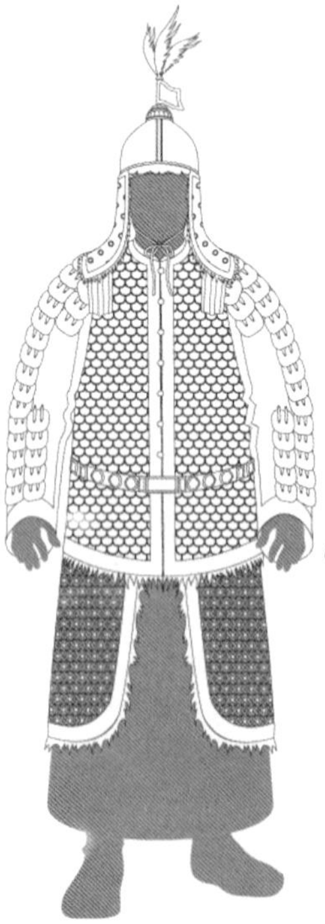

明代 齐腰甲

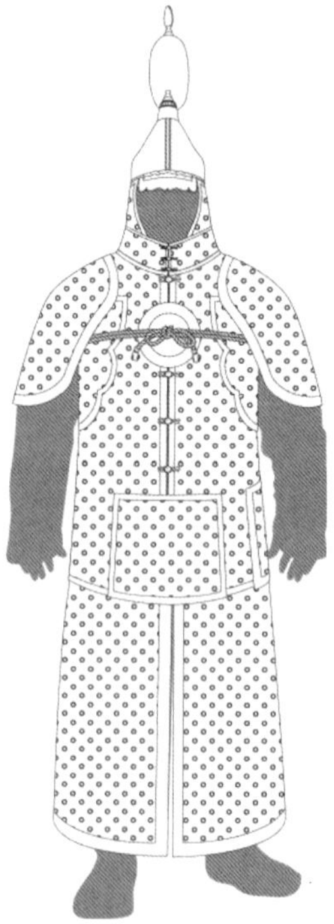

清代 无袖布面甲

绘者 陈大威

参考文献

[1]孙武撰，曹操等注，杨丙安校理.十一家注孙子校理[M].北京：中华书局，2012.

[2]郭化若.孙子兵法译注[M].上海：上海古籍出版社，2012.

[3]李零.兵以诈立：我读《孙子》[M].北京：中华书局，2006.

[4]张震泽.孙膑兵法校理：新编诸子集成[M].北京：中华书局，2014.

[5]苏静.知中：孙子兵法指南书[M].北京：中信出版社.2016.

[6]陈大威.画说中国历代甲胄[M].北京：化学工业出版社.2017.

[7]杨天宇.中华十大谋士[M].上海：上海大学出版社.2008.

二维码索引

Note

Note